Ji Zhang

Deteção projectada de outliers para fluxos de dados de elevada dimensão

Ji Zhang

Deteção projectada de outliers para fluxos de dados de elevada dimensão

ScienciaScripts

Imprint

Cover image: www.ingimage.com

This book is a translation from the original published under ISBN 978-3-330-32963-8.

Publisher:
Sciencia Scripts
is a trademark of
Dodo Books Indian Ocean Ltd. and OmniScriptum S.R.L publishing group

120 High Road, East Finchley, London, N2 9ED, United Kingdom
Str. Armeneasca 28/1, office 1, Chisinau MD-2012, Republic of Moldova, Europe
Printed at: see last page
ISBN: 978-620-7-60681-8

A deteção de valores atípicos é um problema de investigação importante na extração de dados, que tem por objetivo descobrir padrões anormais e irregulares úteis escondidos em grandes conjuntos de dados. A maioria dos métodos existentes para a deteção de valores atípicos apenas lida com dados estáticos com uma dimensionalidade relativamente baixa. Recentemente, a deteção de outliers em fluxos de dados de elevada dimensão tornou-se um novo problema de investigação. Uma observação fundamental que motiva esta investigação é que os outliers em dados de alta dimensão são outliers projectados, ou *seja,* estão integrados em subespaços de baixa dimensão. A deteção de outliers projectados em fluxos de dados de elevada dimensão é uma tarefa muito difícil por várias razões. Em primeiro lugar, a deteção de valores anómalos projectados é difícil mesmo em dados estáticos de elevada dimensão. Procurar exaustivamente os subespaços remotos em que os outliers projectados estão inseridos é um problema NP. Em segundo lugar, os algoritmos de processamento de fluxos estão limitados ao processamento de fluxos numa única passagem, sujeitos a restrições de espaço e de tempo. Os métodos atualmente existentes para a deteção de anomalias revelam-se ineficazes para detetar anomalias projectadas em fluxos de dados de elevada dimensão.

Neste livro, apresentamos um novo método, o Stream Project Outlier deTector (SPOT), que visa detetar outliers projectados em fluxos de dados de elevada dimensão. O SPOT utiliza um modelo de tempo inovador baseado em janelas para capturar estatísticas dinâmicas de fluxos de dados e uma nova estrutura de dados que inclui um conjunto de subespaços top-sparse para detetar eficazmente outliers projectados. O SPOT também usa um algoritmo genético multi-objetivo como método de pesquisa eficaz para encontrar os subespaços em que a maioria dos outliers projectados estão incorporados. Os resultados experimentais mostram que o SPOT é eficiente e eficaz na deteção de outliers projectados para fluxos de dados de elevada dimensão. A principal contribuição deste livro é o facto de fornecer uma base para lidar com o difícil problema da deteção de outliers em fluxos de dados de elevada dimensão. O SPOT pode facilitar a descoberta de padrões anómalos úteis e pode ser potencialmente aplicado a uma variedade de aplicações de elevada procura, como a monitorização de dados de redes de sensores, a proteção de transacções em linha, etc.

1 Introdução

A deteção de outliers é um problema de investigação importante na extração de dados, que visa encontrar objectos que sejam significativamente diferentes, excepcionais e inconsistentes em comparação com a maioria dos dados numa base de dados de entrada [60]. Nos últimos anos, tem-se assistido a um enorme interesse pela investigação, desencadeado pela explosão de dados recolhidos e transmitidos sob a forma de fluxos de dados. Isto resulta em novas oportunidades, mas também em desafios para a investigação no domínio da deteção de anomalias. Um fluxo de dados é uma sequência contínua e ordenada (implicitamente por ordem de chegada ou explicitamente por registo de data e hora) de elementos em tempo real. Exemplos de fluxos de dados são o tráfego na rede, dados de telecomunicações, dados do mercado financeiro, dados de sensores que monitorizam o tempo e o ambiente, vídeos de vigilância, etc. A deteção de anomalias em fluxos de dados pode encontrar elementos (objectos ou pontos) que são anómalos ou irregulares em comparação com a maioria dos elementos em todo o fluxo de dados ou num horizonte/janela do fluxo de dados. A deteção de elementos anómalos em fluxos de dados pode ser útil em muitas áreas, como a análise e monitorização de dados de tráfego de rede (por exemplo, conjuntos de dados orientados para a ligação), registos Web, redes de sensores sem fios e transacções financeiras, etc.

Uma observação importante que motiva esta investigação é o facto de os valores anómalos que ocorrem em fluxos de dados de elevada dimensão estarem integrados em alguns subespaços de baixa dimensão. Um subespaço refere-se aqui ao espaço de dados constituído por um subconjunto de atributos. Estes valores anómalos são designados por valores *anómalos projectados* no espaço de alta dimensão. A presença de outliers projectados deve-se ao facto de que, à medida que a dimensionalidade dos dados aumenta, os dados tendem a ser equidistantes uns dos outros. Consequentemente, a diferença entre os outliers dos pontos de dados torna-se cada vez mais pequena e, por conseguinte, indistinguível. Só em subespaços de dimensão moderada ou baixa é que se pode observar um carácter anómalo significativo dos dados. Este fenómeno é geralmente designado por *maldição da dimensionalidade* [17]. Uma vez que a maioria dos métodos modernos de deteção de valores atípicos efectua a deteção em todo o espaço de dados, os valores atípicos projectados não podem ser encontrados utilizando estes métodos. Isto leva a uma perda de padrões anómalos interessantes e potencialmente úteis escondidos em fluxos de dados de elevada dimensionalidade.

Nesta investigação, investigamos o problema da deteção de outliers projectados a partir de fluxos de dados de elevada dimensão. Este problema pode ser formulado da seguinte forma: *Dado* um fluxo de dados *D* com um tamanho potencialmente ilimitado de pontos de dados p-dimensionais, para cada ponto de dados $p_i = \{p_{i1}, p_{i2}, \ldots, p_{i}\}$ em *D*, o método de deteção de anomalias projectadas efectua um mapeamento como

$$f: p_i \wedge (b, S_i, Score_i)$$

$_{iii}b$ é uma variável booleana que indica se p_i é ou não um outlier projetado. Se pi for *um valor aberrante projetado* (ou seja, $b = verdadeiro$), então S_i é o conjunto dos subespaços aberrantes *de* p_i e $Score_i$ é a pontuação aberrante correspondente de p_i em cada subespaço de S_i. Se p_i *for um* dado normal, $b = falso$, $S_i = 0$ e $Score_i$ não é aplicável.

Os resultados do método de deteção são uma série de outliers projectados e o(s) subespaço(s) correspondente(s), bem como uma pontuação de outlier que caracteriza o contexto e a força dos outliers projectados detectados. Os resultados, que são designados por *A*, podem ser formalmente expressos da seguinte forma

$$A = \{< o, S, Pontuação >, o E O\}$$

onde *O* é o número de outliers projectados determinados. Fica ao critério do utilizador selecionar os *k* primeiros outliers projectados com a pontuação mais elevada de outlier de *O*. Em contraste, na definição tradicional de outliers, os subespaços de outliers não são explicitamente apresentados no resultado final, uma vez que os outliers são reconhecidos em todo o espaço de dados ou num espaço de dados predefinido que é conhecido pelo utilizador antes de os outliers serem reconhecidos.

A deteção de outliers projectados em fluxos de dados de elevada dimensão é um problema de investigação não trivial. Os dois principais desafios que enfrentamos para resolver este problema são explicados em mais pormenor a seguir:

1. Em primeiro lugar, é crucial para o desempenho de deteção do algoritmo encontrar os subespaços correctos para os outliers projectados. Uma vez encontrados esses subespaços, a deteção dos valores atípicos projectados nesses subespaços torna-se uma tarefa muito mais simples. No entanto, o número de subespaços possíveis aumenta drasticamente com a dimensionalidade dos dados. Por conseguinte, encontrar os subespaços de outliers dos dados através de uma pesquisa exaustiva na grelha espacial é bastante intensivo do ponto de vista computacional e completamente inviável quando a dimensionalidade dos dados é elevada. Tendo isto em conta, o algoritmo de deteção de valores atípicos deve ser razoavelmente eficiente para encontrar os subespaços

correctos nos quais os valores atípicos projectados podem ser reconhecidos com precisão;

2. Outro aspeto do desafio decorre das características dos próprios fluxos de dados. Em primeiro lugar, os fluxos de dados só podem ser acedidos pela ordem em que chegam, não sendo possível o acesso aleatório. Em segundo lugar, os fluxos de dados são potencialmente ilimitados em tamanho e o espaço disponível para armazenar informações deve ser pequeno. Por último, os objectos de dados no fluxo de dados têm normalmente um conceito de tempo implícito ou explícito (por *exemplo, um* carimbo de data/hora). Devido a estas características únicas dos fluxos de dados, os algoritmos de deteção de anomalias em fluxos de dados podem ter apenas uma passagem e processar os dados num paradigma incremental, em linha e em tempo real. Além disso, devem ter um tempo constante e curto para processar cada objeto de dados e um espaço de armazenamento limitado para a informação. Devem utilizar uma sinopse de dados dinâmica e eficiente em termos de espaço que possa ser actualizada de forma incremental e eficiente. Finalmente, espera-se que considerem o conceito de tempo no processo de reconhecimento. Devem aplicar modelos temporais adequados para distinguir os dados que chegam em momentos diferentes e ter as competências necessárias para lidar com o desvio de conceitos que pode ocorrer nos fluxos de dados.

Nos últimos dez anos, foram desenvolvidos esforços intensivos de investigação no domínio da deteção de anomalias. Os métodos existentes podem ser classificados de acordo com vários critérios. Em particular, podem ser classificados de acordo com o facto de serem utilizados para dados de baixa ou alta dimensão, de utilizarem o conjunto completo de atributos para a deteção de valores atípicos ou de reconhecerem valores atípicos em subespaços e de só poderem processar dados estáticos ou também fluxos de dados. A maioria dos métodos convencionais de deteção de valores atípicos só é adequada para dados estáticos de dimensão relativamente baixa [26][76][77][101][111]. Uma vez que utilizam o conjunto completo de atributos para a deteção de valores atípicos, não são capazes de detetar valores atípicos projectados. Também não conseguem processar fluxos de dados. Recentemente, surgiram alguns novos trabalhos sobre a deteção de valores atípicos em dados estáticos de elevada dimensão ou em fluxos de dados. No entanto, até à data, não há investigação concreta que investigue a intersecção destas duas direcções de investigação activas. Os métodos de deteção de valores atípicos projectados num espaço de dimensão elevada [14][123][131][126][128] podem detetar valores atípicos projectados integrados em subespaços. No entanto, as medidas utilizadas para avaliar a propriedade de outlier dos pontos não são incrementalmente actualizáveis, e muitos dos métodos requerem múltiplas amostras de dados, o que os torna incapazes de processar fluxos de dados. Por exemplo, em [14][123], o coeficiente de esparsidade é utilizado para medir a esparsidade dos dados. O coeficiente de esparsidade baseia-se numa partição de dados igualmente profunda que tem de ser frequentemente actualizada a partir do fluxo de dados. Isto é dispendioso e essas actualizações requerem múltiplas verificações dos dados. Em [131][126][128], são utilizadas métricas de esparsidade dos dados baseadas no conceito de k vizinhos mais próximos (kNN). Este método também não é adequado para fluxos de dados, uma vez que uma varrimento dos dados não é suficiente para obter a informação kNN dos pontos de dados. Por outro lado, os métodos de deteção de valores anómalos em fluxos de dados [100][1] baseiam-se em todo o espaço de dados para detetar valores anómalos, pelo que os valores anómalos projectados não podem ser detectados utilizando estes métodos. Por conseguinte, é desejável propor um novo método que resolva os inconvenientes destes métodos existentes.

Neste livro, apresentamos uma nova técnica, a que chamamos Stream Projected Outlier deTector (SPOT), para resolver o problema da deteção de outliers em fluxos de dados de elevada dimensão. As principais contribuições desta investigação podem ser resumidas da seguinte forma:

- No SPOT, utilizamos um novo modelo de tempo baseado em janelas e resumos de dados decrescentes para capturar estatísticas dos fluxos de dados para a deteção de anomalias. O modelo de tempo é capaz de se aproximar do modelo tradicional baseado em janelas sem manter os dados detalhados na janela ou vários instantâneos da sinopse de dados. Os resumos de dados decrescentes podem ser calculados de forma eficiente e mantidos de forma incremental, permitindo ao SPOT lidar com fluxos de dados rápidos;

- O SPOT constrói um modelo de subespaço esparso (SST) para reconhecer os outliers projectados. O SST consiste num conjunto de grupos de subespaços complementares que juntos contribuem para uma deteção eficaz de outliers projectados. O SPOT é capaz de realizar uma aprendizagem supervisionada e/ou não supervisionada para construir o SST, proporcionando ao utilizador a máxima flexibilidade. A auto-evolução do SST também foi integrada no SPOT para melhorar a adaptabilidade à dinâmica dos fluxos de dados;

- Ao contrário da maioria dos outros métodos de deteção de outliers que medem a outlierness dos pontos de dados com base num único critério, o SPOT adopta uma estrutura mais flexível, utilizando várias medidas para este fim. O SPOT utiliza o Algoritmo Genético Multi-Objetivo (MOGA) como um método de pesquisa eficaz para encontrar subespaços capazes de otimizar todos os critérios para a criação da SST;

- Por último, mas não menos importante, mostramos que o SPOT é eficiente e eficaz na deteção de outliers projectados em subespaços e supera os principais métodos existentes, experimentando com fluxos de dados sintéticos e reais.

Mapa rodoviário

O resumo deste livro está estruturado da seguinte forma. O Capítulo 2 apresenta uma visão geral dos métodos existentes para a deteção de outliers. No Capítulo 3, são explicados os princípios básicos do SPOT, incluindo o modelo temporal, a sinopse dos dados e a definição de outliers projectados, etc. No Capítulo 4, discutimos os algoritmos do SPOT, concentrando-nos nas fases de aprendizagem e de deteção do SPOT. O Capítulo 5 aborda o Algoritmo Genético Multi-Objetivo (MOGA), que é utilizado para encontrar subespaços de outliers de dados em fluxo contínuo para a geração de SST. O último capítulo conclui este livro.

2 Trabalhos relacionados

Nos últimos anos, foram desenvolvidos esforços consideráveis de investigação no domínio da deteção de valores atípicos. Esta secção apresenta uma panorâmica dos métodos modernos mais importantes de deteção de anomalias. A fim de fornecer uma panorâmica sistemática dos métodos de deteção de anomalias existentes, começa-se por definir claramente o âmbito desta análise. A revisão da literatura está organizada da seguinte forma. Em primeiro lugar, são discutidos os métodos convencionais de deteção de valores atípicos, que são principalmente adequados para dados estáticos de dimensão relativamente baixa, seguidos de alguns dos recentes avanços na deteção de valores atípicos para dados estáticos de dimensão elevada e fluxos de dados.

2.1 Âmbito do reexame

Antes de apresentar uma panorâmica dos métodos de deteção de valores atípicos, é necessário definir o âmbito desta panorâmica. Tem sido feita muita investigação sobre a deteção de diferentes tipos de valores atípicos em diferentes tipos de dados, e as técnicas utilizadas para a deteção de valores atípicos variam consideravelmente. A maioria dos métodos de deteção de valores atípicos existentes reconhece os chamados valores atípicos *pontuais em conjuntos de dados de tipo vetorial*. Este é o foco desta visão geral e também deste livro. Outra categoria de outliers frequentemente analisada são os chamados *outliers colectivos*. Para além dos dados vectoriais, os outliers também podem ser identificados noutros tipos de dados, como sequências, trajectórias e gráficos, etc. No resto da presente subsecção, discutiremos brevemente os diferentes tipos de outliers.

Em primeiro lugar, os outliers podem ser classificados em outliers pontuais e colectivos, dependendo do número de instâncias de dados envolvidas no conceito de outliers.

- Pontos discrepantes. Num dado conjunto de instâncias de dados, uma única instância que se desvia é designada por outlier pontual. Este é o tipo mais simples de anomalia e está no centro da maioria dos métodos de deteção de anomalias existentes [33]. Um ponto de dados é reconhecido como um ponto aberrante porque tem um carácter aberrante por si só e não em conjunto com outros pontos de dados. Na maioria dos casos, os dados são representados em vectores, como nas bases de dados relacionais. Cada tupla contém um determinado número de atributos. O método básico para detetar pontos aberrantes em conjuntos de dados vectoriais consiste em quantificar a medida em que cada ponto de dados individual se desvia dos outros dados do conjunto de dados, utilizando algumas métricas de pontos aberrantes.

- Outliers colectivos. Um outlier coletivo representa um conjunto de instâncias de dados que são desviantes em relação a todo o conjunto de dados. A instância de dados individual num outlier coletivo não tem de ser um outlier em si, mas a ocorrência conjunta como uma coleção é anómala [33]. Em regra, as instâncias de dados num outlier coletivo estão relacionadas entre si. Um tipo típico de outlier coletivo é um outlier de sequência, em que os dados têm o formato de uma sequência ordenada.

Os valores anómalos podem também ser classificados como valores anómalos vectoriais, valores anómalos de sequência, valores anómalos de trajetória e valores anómalos de gráfico, etc., dependendo do tipo de dados a partir dos quais os valores anómalos podem ser detectados.

- Excedentes vectoriais. Os outliers vectoriais são reconhecidos com base na representação vetorial dos dados, por exemplo, em bases de dados relacionais. Os dados são representados em tuplas, e cada tupla tem um número de atributos associados. O conjunto de dados pode conter apenas atributos numéricos ou atributos categóricos ou ambos. Com base no número de atributos, o conjunto de dados pode ser classificado, grosso modo, em dados de baixa e alta dimensão, embora não haja uma demarcação clara entre estes dois tipos de conjuntos de dados. Uma vez que as bases de dados relacionais continuam a ser a abordagem mais comum ao armazenamento de dados, os outliers vectoriais são o tipo mais comum de outliers com que temos de lidar.

- Excedentes na sequência. Em muitas aplicações, os dados são apresentados numa ordem específica. Um bom exemplo de uma base de dados sequencial é o registo de chamadas de um sistema informático, no qual são armazenados os comandos informáticos executados numa determinada ordem. Uma sequência de comandos neste registo poderia ter o seguinte aspeto: *http-web, buffer-overflow, http-web, http-web, smtp-mail, ftp, http-web, ssh*. Uma sequência de comandos desviante pode indicar um comportamento malicioso que pode pôr em risco a segurança do sistema. Para detetar sequências de comandos anómalas, as sequências de comandos normais são retidas e as sequências que não correspondem a nenhuma sequência normal são designadas por anomalias de sequência. As anomalias de sequência são uma forma de anomalias colectivas.

- Trajectórias anómalas. As recentes melhorias nos satélites e no equipamento de rastreio tornaram possível a recolha de uma enorme quantidade de dados de trajectórias de objectos em movimento. Os exemplos incluem dados sobre a posição de veículos, dados sobre o rasto de furacões e dados sobre o movimento de animais [83]. Ao contrário de um vetor ou sequência, uma trajetória é geralmente representada por um conjunto de características-chave do seu movimento, incluindo as coordenadas dos pontos de início e fim, os valores médio, mínimo e máximo do vetor de direção e as velocidades média, mínima e máxima. Com base nesta representação, pode ser definida uma função de soma ponderada da distância para calcular a diferença da trajetória com base nas características-chave da trajetória [78]. Num trabalho recente, foi proposta uma estrutura de partição e deteção para a deteção de trajectórias anómalas [83]. A ideia deste método é dividir toda a trajetória em segmentos de linha e tentar detetar segmentos de linha desviantes em vez de toda a trajetória. Os outliers de trajetória podem ser outliers pontuais se considerarmos cada trajetória individual como a unidade de dados básica na deteção de outliers. No entanto, se considerarmos os objectos em movimento na trajetória, então uma sequência anormal desses objectos em movimento (formando a subtrajectória) é um outlier coletivo.

- Excedentes do gráfico. Os outliers de grafos são as unidades de grafos que são anómalas em comparação com os seus pares. As entidades do grafo que podem tornar-se anómalas incluem nós, arestas e subgrafos. Por exemplo, Sun *et al.* investigam a deteção de nós anómalos num grafo bipartido [107][108]. O Autopart reconhece arestas anómalas num grafo geral [32]. Noble *et al. investigam* a deteção de anomalias num grafo geral com nós etiquetados e tentam identificar uma subestrutura anormal no grafo [90]. As anomalias nos grafos podem ser pontuais (por *exemplo, anomalias nos nós* e nas arestas) ou colectivas (*por exemplo,* anomalias nos subgrafos).

Salvo indicação em contrário, todos os métodos de deteção de valores atípicos discutidos nesta descrição geral referem-se a métodos de deteção de valores atípicos pontuais em conjuntos de dados de tipo vetorial.

2.2 Métodos de deteção de valores atípicos para dados de baixa dimensão

A investigação anterior sobre a deteção de valores atípicos diz respeito principalmente a conjuntos de dados estáticos com dimensões relativamente pequenas. A literatura sobre estes trabalhos pode ser classificada em quatro categorias principais com base nas técnicas utilizadas, *nomeadamente* métodos estatísticos, métodos baseados na distância, métodos baseados na densidade e métodos baseados em agregados.

2.2.1 Métodos de deteção estatística

Os métodos estatísticos de deteção de valores atípicos [28, 57] baseiam-se em abordagens estatísticas que assumem uma distribuição ou um modelo de probabilidade que se ajusta a um determinado conjunto de dados. No âmbito da distribuição assumida que se ajusta ao conjunto de dados, os valores anómalos são os pontos que não correspondem ou não coincidem com o modelo subjacente dos dados.

Os métodos estatísticos de deteção de valores atípicos podem ser divididos em duas categorias, *nomeadamente* métodos paramétricos e não paramétricos. As principais diferenças entre estas duas classes de métodos residem no facto de os métodos paramétricos assumirem a distribuição subjacente dos dados fornecidos e estimarem os parâmetros do modelo de distribuição com base nos dados fornecidos [41], enquanto os métodos não paramétricos não requerem o conhecimento das características da distribuição [38].

Os métodos estatísticos de deteção de valores anómalos (paramétricos e não paramétricos) incluem geralmente duas fases, *nomeadamente* a fase de treino e a fase de teste, para reconhecer os valores anómalos.

- Fase de formação. A fase de formação envolve principalmente a adaptação de um modelo estatístico ou a criação de perfis de dados com base nos dados fornecidos. As técnicas estatísticas podem ser efectuadas de forma supervisionada, semi-supervisionada e não supervisionada. As técnicas supervisionadas estimam a densidade de probabilidade para instâncias normais e anómalas. As técnicas semi-supervisionadas estimam a densidade de probabilidade para instâncias normais ou anómalas, dependendo da disponibilidade de etiquetas. As técnicas não supervisionadas determinam um modelo ou perfil estatístico que se ajusta a todas ou à maioria das instâncias num determinado conjunto de dados;

- Fase de teste. Uma vez construído o modelo ou perfil probabilístico, o passo seguinte consiste em determinar se um determinado caso de dados é ou não um outlier relativamente ao modelo/perfil. Isto envolve o cálculo da probabilidade posterior de que o caso de teste seja gerado pelo modelo construído ou pelo desvio do perfil de dados construído. Por exemplo, podemos determinar a distância da instância de dados em relação à média estimada e declarar qualquer ponto que esteja acima de um limiar como um caso aberrante [51].

Métodos paramétricos

Os métodos estatísticos paramétricos de deteção de anomalias assumem explicitamente um ou mais modelos de probabilidade ou de distribuição para o conjunto de dados em causa. Os parâmetros do modelo podem ser estimados a partir dos dados de treino com base no pressuposto da distribuição. Os métodos paramétricos de deteção de anomalias mais importantes incluem os baseados no modelo Gaussiano e no modelo de regressão.

A. Modelos Gaussianos

A deteção de valores atípicos com base em modelos de distribuição gaussiana tem sido objeto de intensa investigação. Na fase de formação, a média e a variância (ou desvio padrão) da distribuição gaussiana são geralmente estimadas utilizando a estimativa de máxima verosimilhança (MLE). Para garantir que a distribuição assumida pelos utilizadores humanos é a distribuição subjacente óptima ou quase óptima que se ajusta aos dados, são normalmente realizados testes de discordância estatística na fase de teste [28][18][21]. Até à data, foram desenvolvidos mais de uma centena de testes de discordância/outliers para várias circunstâncias, dependendo dos parâmetros do conjunto de dados (como a distribuição de dados assumida) e dos parâmetros da distribuição (como a média e a variância), bem como do número esperado de outliers [60][76]. A ideia básica é que uma pequena proporção de pontos que têm uma baixa probabilidade de ocorrência na população são identificados como outliers. Os testes de outliers mais utilizados para distribuições normais são o *teste de média-variância* e o *teste de box-plot* [84][59][106][53]. [2]No teste de média-variância para uma distribuição gaussiana *N(p,, a*), em que a população tem uma média *p* e uma variância *a,* os outliers podem ser considerados como pontos que se encontram a 3 ou mais desvios-padrão (i.e. > *3a*) da média [50]. Este teste é geral e pode ser aplicado a algumas outras distribuições normalmente utilizadas, como a distribuição t de Student e a distribuição de Poisson, que têm uma cauda direita mais espessa e mais longa, respetivamente, do que a distribuição normal. O teste do gráfico de caixa baseia-se no gráfico de caixa para representar graficamente a distribuição dos dados com base em cinco atributos principais, ou *seja,* a menor observação não externa (min), o quartil inferior (Q1), a mediana, o quartil superior (Q3) e a maior observação não externa (max). A quantidade Q3-Q1 é referida como o *intervalo interquartil (IQR).* O IQR pode ser utilizado para especificar o limite a partir do qual os dados são classificados como outliers; uma instância de dados é classificada como outlier se for 1,5*IQR vezes inferior a Q1 ou 1,5*IQR vezes superior a Q3.

Em alguns casos, pode ser utilizada uma mistura de modelos probabilísticos se um único modelo não for suficiente para a modelação de dados. Se estiverem disponíveis dados rotulados, podem ser criados dois modelos separados, um para os dados normais e outro para os anómalos. A probabilidade de associação das novas instâncias pode ser quantificada e estas são rotuladas como anómalas se a sua probabilidade de associação ao modelo anómalo for superior à do modelo para os dados normais. A mistura de modelos probabilísticos também pode ser aplicada a dados não rotulados, ou seja, todos os dados de treino são modelados com uma mistura de modelos. Uma instância de teste é considerada aberrante se se verificar que não pertence a nenhum dos modelos construídos.

B. Modelos de regressão

Se o modelo probabilístico não for conhecido, a regressão pode ser utilizada para a modelação. O objetivo da análise de regressão é encontrar uma dependência de uma ou várias variáveis aleatórias *Y* em relação a uma ou várias outras variáveis *X*. Para o efeito, analisa-se a distribuição de probabilidade condicional Y |X. Para o efeito, analisa-se a distribuição de probabilidade condicional $Y|X$. A deteção de valores atípicos utilizando técnicas de regressão é intensamente aplicada a dados de séries cronológicas [4][2][46][1][82]. Na fase de treino, é construído um modelo de regressão que se ajusta aos dados. O modelo de regressão pode ser um modelo linear ou não linear, dependendo da escolha dos utilizadores. Na fase de teste, o modelo de regressão é testado através da avaliação de cada instância de dados em relação ao modelo. Mais especificamente, este teste envolve a comparação do valor real da instância com o valor previsto pelo modelo de regressão. Um ponto de dados é rotulado como outlier se houver um desvio notável entre o valor real e o valor esperado determinado pelo modelo de regressão.

Basicamente, existem duas formas de utilizar os dados do conjunto de dados para criar o modelo de regressão para a deteção de valores atípicos, nomeadamente o *método de pesquisa inversa* e o método de pesquisa *direta*. No método de pesquisa inversa, o modelo de regressão é criado utilizando todos os dados disponíveis, e os dados com o maior erro são considerados valores atípicos e excluídos do modelo. No método de pesquisa direta, é construído um modelo com base numa parte dos dados, sendo gradualmente adicionados novos pontos de dados após a conclusão da construção preliminar do modelo. O modelo é então alargado através da adição dos dados que melhor se ajustam, ou seja, os objectos da população restante que apresentam o menor desvio em relação ao modelo construído até ao momento. Os dados adicionados ao modelo na última ronda, que são considerados os dados menos ajustados, são considerados outliers.

Métodos não paramétricos

As técnicas de deteção de valores atípicos nesta categoria não fazem suposições sobre a distribuição estatística dos dados. As abordagens mais populares para a deteção de valores atípicos nesta categoria são os histogramas e os métodos de função de densidade de kernel.

A. Histogramas

A técnica estatística não paramétrica mais popular é a utilização de histogramas para criar um perfil de dados. As técnicas de histograma baseiam-se intrinsecamente na frequência ou na contagem de dados.

A abordagem baseada em histogramas para a deteção de valores atípicos é normalmente utilizada quando os dados têm uma única caraterística. Matematicamente, um histograma para uma caraterística de dados consiste numa série de compartimentos (ou baldes) disjuntos e os dados são mapeados num (e apenas num) compartimento. Representado graficamente pelo gráfico do histograma, a altura dos compartimentos corresponde ao número de observações que se inserem nos compartimentos. thAssim, se n é o número total de instâncias, k *é* o número total de posições e m_i é o número de pontos de dados na posição i $(1 < i < k)$, o histograma satisfaz a seguinte condição $n = P_{k=1}\, m$. Na fase de treino, os histogramas são criados com base nos diferentes valores que esta caraterística assume nos dados de treino.

As técnicas de histograma definem normalmente uma medida entre uma nova instância de teste e o perfil baseado no histograma para determinar se se trata ou não de uma anomalia. A medida é definida com base na forma como o histograma é criado em primeiro lugar. Especificamente, existem três formas de criar um histograma:

1. O histograma só pode ser criado com base em dados normais. Nesse caso, o histograma representa apenas o perfil de dados normais. Na fase de teste, é verificado se o valor de caraterística na instância de teste cai em um dos compartimentos preenchidos do histograma construído. Se este não for o caso, a instância de teste é classificada como um outlier [5] [68][58];

2. O histograma só pode ser criado com base nos valores anómalos. Por conseguinte, o histograma capta o perfil dos valores anómalos. Uma instância de teste que se enquadra numa das caixas preenchidas é designada por outlier [39]. Estes métodos são particularmente populares na comunidade de deteção de intrusões [41][45] [35] e na deteção de fraudes [49];

3. O histograma pode ser criado com base numa mistura de dados normais e de dados anómalos. Este é o caso típico em que é criado um histograma. Uma vez que os dados normais dominam normalmente todo o conjunto de dados, o histograma representa um perfil aproximado dos dados normais. A dispersão de uma posição no histograma pode ser definida como o rácio entre a frequência dessa posição e a frequência média de todas as posições no histograma. Uma posição é considerada esparsa se este rácio for inferior a um limiar definido pelo utilizador. Todas as instâncias de dados que se enquadram nas caixas esparsas são rotuladas como anómalas.

O primeiro e o segundo métodos para criar histogramas, como mostrado acima, requerem a disponibilidade de instâncias marcadas, enquanto o terceiro método não.

No caso dos dados multivariados, uma abordagem comum consiste em criar histogramas caraterística a caraterística. Na fase de teste, a probabilidade é calculada para cada valor de caraterística dos dados de teste e, em seguida, agregada para determinar a chamada pontuação de *outlier*. Um valor de probabilidade mais baixo corresponde a uma pontuação de outlier mais elevada para esta instância de teste. A agregação das probabilidades de cada caraterística para calcular a pontuação de outlier é normalmente efectuada utilizando a seguinte equação:

$$Outlier\_Score = \sum_{f \in F} w_f \cdot (1 - p_f)/|F|$$

em que w_f é o peso atribuído à caraterística f, p_f é a probabilidade do valor da caraterística f e F é o conjunto de características do conjunto de dados. Estes métodos de agregação baseados em histogramas têm sido utilizados na deteção de intrusões em dados de chamadas do sistema [42], na deteção de fraudes [49], na deteção de danos estruturais [85], [88], [89], na deteção de intrusões na rede [115], [117], deteção de ataques baseados na Web [81], deteção de anomalias nos cabeçalhos dos pacotes (Packet Header Anomaly Detection, PHAD), deteção de anomalias na camada de aplicação (Application Layer Anomaly Detection, ALAD) [87], NIDES (do SRI International) [5] [12] [99]. Foi também feita muita investigação no domínio da deteção de valores anómalos em dados sequenciais (principalmente para detetar intrusões em dados de chamadas de sistemas informáticos) utilizando técnicas baseadas em histogramas. Estas técnicas são essencialmente semelhantes às abordagens de histograma baseadas em instâncias acima descritas, mas são aplicadas a dados sequenciais para detetar anomalias colectivas.

Os métodos de deteção baseados em histogramas são fáceis de implementar e, por conseguinte, muito populares em domínios como a deteção de intrusões. No entanto, uma das principais deficiências destes métodos para dados multivariados é que não são capazes de captar as interacções entre diferentes atributos. Um outlier pode ter valores de atributos que são muito comuns individualmente, mas cuja combinação é muito rara. Esta inadequação torna-se ainda mais evidente quando a dimensionalidade dos dados é elevada. Um método de histograma baseado em características não é capaz de reconhecer tais valores anómalos. Outro desafio para estas técnicas é a necessidade de os utilizadores determinarem um tamanho de caixa ótimo para criar o histograma.

B. Funções do núcleo

Outra abordagem não paramétrica popular para a deteção de valores atípicos é a estimativa da janela de Parzen, de acordo com Parzen [94]. Neste caso, são utilizadas funções de kernel para aproximar a distribuição da densidade real. Uma nova instância que se encontre dentro do intervalo de baixa probabilidade desta densidade é declarada como um outlier.

Se $x_1, x_2, \ldots, x_N$ são amostras IID (independentes e identicamente distribuídas) de uma variável aleatória x, a aproximação da densidade de kernel da sua *função de densidade de probabilidade (pdf)* é formalmente

$$Outlier\_Score = \sum_{f \in F} w_f \cdot (1 - p_f)/|F|$$

em que *K é* a função kernel e *h é* a largura de banda (parâmetro de suavização). *K* é frequentemente utilizada como uma função gaussiana padrão com o valor médio $p = 0$

$$K(x) = \frac{1}{\sqrt{2\pi}} e^{-\frac{1}{2}x^2}$$

Em [19], é apresentada a deteção de novidades utilizando uma função de kernel para reconhecer novidades em dados de fluxo de petróleo. Uma instância de teste é classificada como nova se pertencer à região de baixa densidade da função de densidade aprendida. Uma aplicação semelhante de janelas de Parzen é proposta para a deteção de intrusões em redes [34] e para a análise de imagens de mamografias [110]. É proposta uma abordagem probabilística semi-supervisionada para a deteção de novidades [38]. As funções de kernel são utilizadas para estimar a função de distribuição de probabilidade (pdf) para as instâncias normais. Recentemente, as funções de kernel têm sido utilizadas na deteção de anomalias em redes de sensores [100][30].

A estimativa da densidade de kernel da pdf é aplicável tanto a dados univariados como a dados multivariados. No entanto, a estimativa da pdf para dados multivariados é muito mais intensiva do ponto de vista computacional do que para dados univariados. Este facto torna os métodos de estimativa da densidade de kernel bastante ineficientes na deteção de valores anómalos em dados de elevada dimensão.

Vantagens e desvantagens dos métodos estatísticos

Os métodos estatísticos de reconhecimento de valores atípicos têm várias vantagens. Têm uma base matemática e, se for fornecido um modelo probabilístico, os métodos são muito eficazes e é possível revelar o significado dos valores atípicos encontrados [93]. Além disso, o modelo construído, muitas vezes em formato compacto, permite a deteção de outliers sem necessidade de armazenar os conjuntos de dados originais, que são geralmente muito grandes.

No entanto, os métodos estatísticos de deteção de valores atípicos, especialmente os métodos paramétricos, têm alguns inconvenientes significativos. Em primeiro lugar, não são normalmente aplicados num cenário multidimensional, uma vez que a maioria dos modelos de distribuição se aplica normalmente ao espaço de características univariadas. Por conseguinte, não são adequados nem mesmo para conjuntos de dados multidimensionais moderados. Este facto limita seriamente a sua aplicabilidade, uma vez que os dados na maioria das aplicações práticas são multidimensionais ou mesmo altamente dimensionais. Além disso, a falta de conhecimentos prévios sobre a distribuição subjacente do conjunto de dados torna difícil a utilização de métodos baseados na distribuição em aplicações práticas. Uma única distribuição não pode modelizar a totalidade dos dados, uma vez que estes podem ter origem em várias distribuições. Por último, a qualidade dos resultados não pode ser garantida, uma vez que depende em grande medida da distribuição escolhida para ajustar os dados. Não é garantido que os dados analisados correspondam à distribuição assumida se não houver uma estimativa da densidade da distribuição com base nos dados empíricos. A construção de tais testes para testar hipóteses para combinações complexas de distribuições não é, de modo algum, uma tarefa trivial. Mesmo que o modelo seja escolhido corretamente, a determinação dos valores dos parâmetros exige procedimentos complexos. Da discussão anterior resulta claro que os métodos estatísticos tendem a ser limitados a grandes bases de dados do mundo real, que tendem a abranger muitos domínios diferentes, e que não é fácil caraterizar a distribuição multivariada das amostras.

Os métodos estatísticos não paramétricos, como os métodos do histograma e da função kernel, não têm o problema do pressuposto de distribuição que os métodos paramétricos têm, e podem ambos lidar com fluxos de dados que contêm dados de entrada contínua. No entanto, não são adequados para o processamento de dados de elevada dimensão. Os métodos de histograma são eficazes para analisar uma única caraterística, mas perdem grande parte da sua eficácia com dados multi ou de elevada dimensão, uma vez que não conseguem analisar várias características em simultâneo. Este facto impede-os de reconhecer os valores anómalos no subespaço. Os métodos de função Kernel também só são adequados para dados de dimensão relativamente baixa. Se a dimensionalidade dos dados for elevada, a estimativa da densidade com funções de kernel torna-se bastante intensiva do ponto de vista computacional, tornando-a inadequada para o processamento de fluxos de dados de elevada dimensão.

2.2.2 Métodos baseados na distância

Já existe uma série de métodos diferentes para definir os valores atípicos na perspetiva de métricas baseadas na distância. A maioria das métricas existentes utilizadas para os métodos de deteção de valores atípicos baseados na distância baseiam-se nos conceitos de *vizinhança local* ou de k vizinhos mais próximos (kNN) dos pontos de dados. A noção de valores atípicos baseados na distância não pressupõe quaisquer distribuições de dados subjacentes e generaliza muitos conceitos de métodos baseados na distribuição. Além disso, os métodos baseados na distância podem ser melhor aplicados a um espaço multidimensional e podem ser calculados de forma muito mais eficiente do que os métodos estatísticos.

Para os métodos baseados na distância, a distância entre os pontos de dados deve ser calculada. $_p$Podemos utilizar uma das métricas *L*, como a distância de Manhattan ou a métrica da distância euclidiana, para medir a distância entre um par de pontos. Em alternativa, para alguns outros domínios de aplicação com dados categóricos (por *exemplo,* documentos de texto), podem também ser utilizadas funções de distância não métricas, o que torna a definição de outliers baseada na distância muito geral. A normalização dos dados é normalmente efectuada para normalizar as diferentes escalas das características dos dados antes de se proceder à deteção de valores aberrantes.

A. Métodos de vizinhança local

O primeiro conceito de outliers baseados na distância, designado por *DB(k, A)*-Outlier, remonta a Knorr e Ng [76]. É definido da seguinte forma. Um ponto *p* num conjunto de dados é um outlier *DB*(k, *A*) em relação aos parâmetros *k* e *A* se não houver mais do que *k* pontos no conjunto de dados *com* uma distância *A* ou inferior (ou seja, *vizinhança A*) de *p*. Esta definição de outliers é intuitivamente simples e direta. No entanto, o principal inconveniente deste método é a sua sensibilidade ao parâmetro *A*, que é difícil de determinar a priori. Como se sabe, à medida que a dimensionalidade dos dados aumenta, torna-se cada vez mais difícil definir uma vizinhança local circular adequada (limitada por *A*) para avaliar a excentricidade de cada ponto, uma vez que a maioria dos pontos se situa provavelmente numa fina concha em torno de um dado ponto [24]. Assim, se *A for* demasiado pequeno, o algoritmo reconhecerá todos os pontos como anómalos, ao passo que se *A for* demasiado grande, nenhum ponto será reconhecido como anómalo. Por outras palavras, é necessário escolher um *A* adequado com um grau de precisão muito elevado para encontrar um número modesto de pontos que possam ser definidos como outliers.

Para facilitar a escolha dos valores dos parâmetros, esta primeira definição de outlier baseada na distância de vizinhança local é alargada e é proposto o chamado outlier *DB(pct, $_{dmin}$)*, que define um objeto num conjunto de dados como um outlier *DB(pct, $_{dmin}$)*.
se pelo menos pct% dos objectos nos conjuntos de dados tiverem uma distância superior a $_{dmin}$ $_a$ esse objeto [77][78]. Tal como acontece com os outliers *DB(k,A)*, este método delimita

essencialmente a vizinhança local dos pontos de dados com o parâmetro d_{min} e mede a excentricidade de um ponto de dados com base na percentagem e não no número absoluto de pontos de dados que se situam nesta vizinhança local especificada. $_{min}$Tal como referido em [74] e [75], *DB*(*pct, d*) é bastante geral e capaz de unificar os métodos de deteção estatística existentes que utilizam testes de discordância para a deteção de valores aberrantes. $_{min}$*Por exemplo, DB*(*pct,* d_{min}) unifica a definição de outliers utilizando um teste de discordância baseado numa distribuição normal com $pct = 0,9988$ e $d = 0,13$. Especificar *pct* é obviamente mais intuitivo e mais simples do que especificar *k* em *DB*(*k, A*)-outliers [77]. No entanto, *DB*(pct, d_{min})-Outlier tem um problema semelhante ao de *DB*(*pct,* d_{min})-Outlier quando se especifica o parâmetro de vizinhança local d_{min}.

Para calcular de forma eficiente o número (ou percentagem) de pontos de dados que se situam na vizinhança local de cada ponto, foram apresentadas três classes de algoritmos, *nomeadamente* os algoritmos de laços aninhados, os algoritmos baseados em índices e os algoritmos baseados em células. Para simplificar a apresentação, estes três algoritmos são discutidos para a deteção de outliers *DB*(*k, A*).

O *algoritmo do ciclo aninhado* utiliza dois ciclos aninhados para calcular o outlier *DB*(*k, A*). O ciclo exterior analisa cada ponto do conjunto de dados, enquanto o ciclo interior calcula o número (ou percentagem) de pontos do conjunto de dados que se enquadram na *vizinhança A* especificada para cada ponto do ciclo exterior. Este algoritmo tem a vantagem de não ser necessário construir a estrutura de indexação, o que pode ser bastante dispendioso na maioria dos casos, embora tenha uma complexidade quadrática em relação ao número de pontos no conjunto de dados.

No *algoritmo baseado no índice,* o número de pontos pertencentes à *vizinhança A* de cada dado é calculado através da utilização intensiva de uma estrutura de índice multidimensional pré-construída, como a *árvore R** [27], para facilitar a pesquisa kNN. A complexidade do algoritmo é aproximadamente logarítmica em relação ao número de pontos de dados no conjunto de dados. No entanto, a construção de estruturas de índices é por vezes muito dispendiosa e a qualidade da estrutura de índices construída não é fácil de garantir.

No *algoritmo baseado em células,* o espaço de dados é dividido em células e todos os pontos de dados são mapeados em células. Utilizando a dimensão das células conhecida a priori, são desenvolvidas estimativas da distância entre pares dos pontos de dados e são introduzidas heurísticas (propriedades de poda) para conseguir uma deteção rápida de valores atípicos. Mostra-se que três passagens sobre o conjunto de dados são suficientes para construir a partição desejada. Mais precisamente, o espaço *d-dimensional é* dividido em células com um comprimento lateral de $2^\wedge d$. Assim, é garantido que a distância entre pontos em quaisquer duas células vizinhas é, no máximo, *A*. Assim, para uma célula, se o número total de pontos na célula e nos seus vizinhos for superior a *k*, nenhum dos pontos na célula pode ser um outlier. Esta propriedade é utilizada para eliminar a grande maioria dos pontos que não podem ser outliers. Além disso, os pontos pertencentes a células que se encontram a mais de 3 células de distância estão a mais de uma distância *A* entre si. Por conseguinte, se o número de pontos contidos em todas as células que se encontram, no máximo, a 3 células de distância de uma determinada célula for inferior a *k*, então todos os pontos da célula são definitivamente anómalos. Por último, para os pontos pertencentes a uma célula que não podem ser classificados como exclusivamente aberrantes ou exclusivamente não aberrantes, só é necessário considerar os pontos das células vizinhas que se encontram, no máximo, a 3 células de distância para determinar se são ou não aberrantes. Com base nas propriedades acima referidas, os autores propõem um algoritmo de três passagens para calcular os valores anómalos em grandes bases de dados. ^{d}A complexidade temporal deste algoritmo baseado em células é $O(c + N)$, em que *c é* um número inversamente proporcional a *A*. Esta complexidade é linear com a dimensão do conjunto de dados *N*, mas exponencial com o número de dimensões *d*. Consequentemente, o algoritmo baseado em células começa a ter um desempenho pior do que o ciclo aninhado para conjuntos de dados com 4 ou mais dimensões, devido ao crescimento exponencial do número de células à medida que o número de dimensões aumenta.

Em [43], é proposta uma definição semelhante de valores atípicos. Calcula o número de pontos que se situam dentro do *raio w de* cada ponto de dados e rotula estes pontos como outliers que têm baixa densidade de vizinhança. Consideramos que esta definição de outliers é a mesma que a dos outliers *DB* (*k, A*), com a única diferença de que este método não especifica explicitamente o limiar *k* na definição. Uma vez que o cálculo da densidade local para cada ponto é moroso, [43] propõe um método de agrupamento para uma estimativa eficiente. A ideia básica desta aproximação consiste em utilizar a dimensão de um agrupamento para aproximar a densidade local de todos os dados desse agrupamento. O agrupamento de largura fixa [43] é utilizado para a estimativa da densidade, uma vez que é muito eficiente para grandes conjuntos de dados.

B. método de espaçamento kNN

Existem também alguns métodos de deteção de valores aberrantes baseados na distância que utilizam os k vizinhos mais próximos (kNN) para medir a aberração dos pontos de dados no conjunto de dados. $^{th k}$A primeira proposta utiliza a distância aos *k* vizinhos mais próximos de cada ponto, denotada por *D* , para classificar os pontos, de modo a que os valores atípicos possam ser detectados e classificados de forma mais eficiente [101]. $^{k}_{n}{}^{k}$Com base na noção de *D* , é dada a seguinte definição para *D* -Outlier: thDado *k* e *n,* um ponto é um outlier se a distância ao vizinho mais próximo *k* do ponto é menor do que o valor correspondente para não mais do que *n* - 1 outros pontos. ^{k}Essencialmente, esta definição de outliers considera como outliers os *n* primeiros objectos com os valores *D* mais elevados no conjunto de dados.

^{k}À semelhança do cálculo do outlier *DB*(*k, A*), são propostos três algoritmos diferentes, *ou seja,* o algoritmo de anéis aninhados, o algoritmo baseado em índices e o algoritmo baseado em partições, para calcular eficientemente *D* para cada ponto de dados.

^{kth}*O algoritmo de anéis aninhados* para calcular os outliers calcula simplesmente a distância entre *p* e os seus *k* vizinhos mais próximos para cada ponto de entrada *p D* . ^{k}Em seguida, ordena os dados e selecciona os *n* primeiros pontos com os valores *D* mais elevados. ^{kth}Para calcular D para os pontos, o algoritmo pesquisa na base de dados cada ponto *p*. Para um ponto *p,* é mantida uma lista dos seus *k* pontos mais próximos e, para cada ponto *q* considerado da base de dados, verifica se a distância entre *p* e *q* é inferior à distância dos *k* vizinhos mais próximos encontrados até ao momento. Se for esse o caso, *q é acrescentado à* lista dos *k vizinhos* mais próximos de *p*. No momento em que a lista contém mais de *k* vizinhos, o ponto mais afastado de *p é* eliminado da lista. Uma vez que este algoritmo só processa um ponto de cada vez, a base de dados teria de ser analisada N vezes, sendo *N* o número de pontos na base de dados. ^{2}A complexidade computacional é da ordem de *O*(*N*), o que é bastante dispendioso para grandes quantidades de dados. ^{k}No entanto, como só estamos interessados nos *n* primeiros outliers, podemos aplicar a seguinte otimização para terminar o cálculo de *D* para um ponto *p* *mais* cedo. $_{m}{}^{n}{}_{in}$Seja *D o valor* mínimo entre os n primeiros outliers. $^{k}{}_{m}{}^{n}{}_{in}$Se, ao calcular um novo ponto *p*, verificarmos que o valor anteriormente calculado para *D* é inferior a *D* , podemos ter a certeza de que o ponto *p* não é um outlier. Por conseguinte, pode ser descartado com segurança. ^{k}A razão para isto é que *D* diminui monotonicamente à medida que analisamos mais pontos. Por conseguinte, é garantido que *p* não é um dos n primeiros outliers.

O *algoritmo baseado em índices* utiliza uma estrutura de índices como a árvore R* [27] para acelerar o cálculo. Se todos os pontos forem armazenados num índice espacial, como a árvore R*, pode ser aplicada a seguinte otimização para reduzir o número de cálculos de distância. Suponhamos que processámos alguns dos pontos de entrada para o ponto *p*. ^{k}O valor que temos é claramente um limite superior para o *D* real de *p*. Se a distância mínima entre *p* e os *rectângulos mínimos envolventes* (MBR) de um nó da árvore R* exceder o valor que temos em qualquer momento do algoritmo, então podemos afirmar que nenhum dos pontos da sub-árvore enraizada sob o nó *pertence* aos *k* vizinhos mais próximos de *p*. Com esta otimização, podemos podar subárvores inteiras que não contenham quaisquer pontos relevantes para a pesquisa kNN de *p*.

A ideia básica do *algoritmo baseado em partições consiste em* particionar primeiro o espaço de dados e depois podar as partições logo que se possa determinar que não contêm quaisquer valores anómalos. O algoritmo baseado em partições é sujeito a uma etapa de pré-processamento em que o espaço de dados é dividido em células e as partições de dados são geradas juntamente com os rectângulos de delimitação mínima das partições de dados. Uma vez que *n* é normalmente muito pequeno, este passo adicional de pré-processamento, que é efectuado na granularidade das partições e não dos pontos, vale a pena, uma vez que pode excluir um número significativo de pontos como candidatos a outlier. Este algoritmo baseado em partições consiste nos quatro passos seguintes:

1. Em primeiro lugar, é utilizado um algoritmo de agrupamento como o BIRCH para agrupar os dados e tratar cada agrupamento como uma partição separada;

2. ^{k}Para cada partição *P,* os limites inferior e superior (referidos como *P.inferior* e *P.superior*, respetivamente) de *D são calculados* para os pontos da partição. Para cada ponto *p E P,* aplica-se o seguinte: *P.inferior* < $D_k(p)$ < *P.superior*;

3. As *partições candidatas, ou seja,* as partições que contêm pontos que são possíveis outliers, são determinadas. ^{k}Suponhamos que podemos calcular *minDkDist,* o limite inferior de *D* para os *n* outliers que descobrimos até agora.
   Se *P.upper* < *minDkDist,* nenhum dos pontos em *P* pode ser *um* outlier e será excluído com segurança. Por conseguinte, apenas as partições *P* para as quais *P.superior* > *minDkDist são* seleccionadas como partições candidatas;

4. Por fim, são calculados os valores anómalos entre os pontos das partições candidatas obtidas na etapa 3. Para cada partição candidata *P, P.neighbors* representa as partições vizinhas de *P, ou seja,* todas as partições que se encontram a uma distância *P.superior* de *P.* ^{k}Os pontos pertencentes às partições vizinhas de *P* são os únicos pontos que precisam de ser examinados ao calcular *D* para cada ponto em P.

$_{n}^{k}$*O D* -Outlier é ainda alargado, considerando a soma dos seus *k* vizinhos mais próximos para cada ponto [10]. ^{kth}Esta extensão é motivada pelo facto de a definição de *D* apenas considerar a distância entre um objeto e os seus *k* vizinhos mais próximos e ignorar completamente as distâncias entre esse objeto e os seus *k* - 1 vizinhos mais próximos. ^{k}Esta desvantagem pode levar a que *D* não forneça uma medida exacta da natureza aberrante dos pontos de dados em alguns casos. ^{k}Para uma melhor compreensão, apresentamos um exemplo, como mostra a Figura 1, em que o mesmo valor de *D* é atribuído aos pontos *p1* e *p2*, dois pontos com um carácter aberrante aparentemente muito diferente. Os *k* - 1 pontos mais próximos

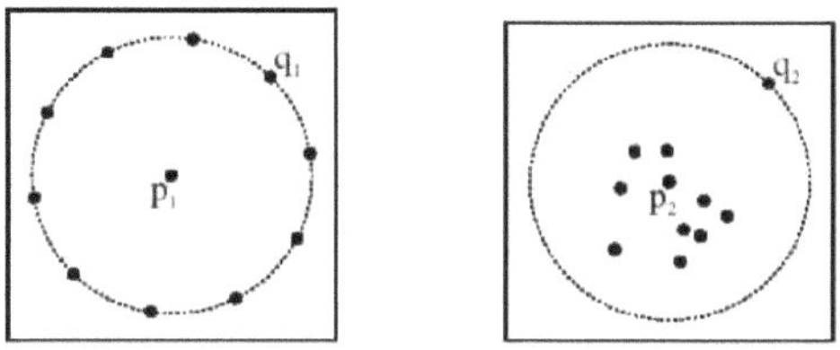

Figura 1: Pontos com o mesmo valor *D*, mas com outliers diferentes

Os vizinhos de *p2* são muito mais densamente povoados do que os de *p1*, pelo que a propriedade de outlier de *p2* é obviamente inferior à de *p1*. Obviamente, neste exemplo, *D* não é suficientemente robusto para reconhecer com exatidão a propriedade de outlier dos pontos de dados. Ao somar as distâncias entre o objeto e todos os seus *k* vizinhos mais próximos, obtém-se uma medida mais precisa da propriedade de outlier do objeto, embora isto exija mais esforço computacional para somar as distâncias. Este método também é utilizado em [43] para detetar anomalias.

A ideia da métrica de distância baseada em kNN pode ser alargada para considerar as *k* regiões densas mais próximas. Os métodos mais recentes são o método Largest_cluster [79][125] e Grid-ODF [114], como se explica de seguida.

Khoshgoftaar *et al. propõem* um método baseado na distância para classificar os registos de tráfego da rede sem fios no fluxo de dados utilizado como normais ou intrusivos [79][125]. Seja *d a* maior distância de uma instância ao centro do maior cluster. Qualquer instância ou cluster que tenha uma distância maior que *ad* ($a > 1$) do maior cluster é definido como um ataque. Este método é designado por método Largest_Cluster. Também pode ser utilizado para reconhecer outliers. Os passos seguintes são efectuados para reconhecer os valores atípicos:

1. Encontre o maior agrupamento, ou *seja,* o agrupamento com o maior número de instâncias, e rotule-o de normal. Seja *c0* o centro deste agrupamento;

2. Ordenar os restantes agrupamentos por ordem crescente, de acordo com a distância do centro de gravidade do seu agrupamento a *c* ;

3. Rotular todas as instâncias cuja distância a *c0 seja* superior a *ad,* em que *a é um* parâmetro definido pelo utilizador;

4. Marcar todas as outras instâncias como normais.

Ao detetar anomalias projectadas em fluxos de dados de elevada dimensão, este método está sujeito às seguintes limitações

- Em primeiro lugar, e mais importante, este método não tem em conta a natureza dos valores anómalos em conjuntos de dados de elevada dimensão e é incapaz de examinar subespaços para detetar valores anómalos projectados;
- Neste método, o agrupamento k-means é utilizado como técnica de base para o reconhecimento de intrusos. O agrupamento *k-means* requer uma otimização iterativa dos centros de agrupamento para obter resultados de agrupamento cada vez melhores. Este processo de otimização requer múltiplas amostras de dados, o que não é prático no contexto dos fluxos de dados;
- Este método parte do pressuposto de que todos os dados normais aparecem num único agrupamento (*ou seja,* o maior agrupamento), o que não é devidamente justificado no documento. Este pressuposto pode ser demasiado rígido em algumas aplicações. É possível que os dados normais estejam distribuídos em dois ou mais clusters correspondentes a alguns comportamentos normais diferentes. Um exemplo simples: o volume de tráfego da rede é normalmente elevado durante o dia e diminui à noite. Por conseguinte, o volume de tráfego da rede pode ter vários clusters que representam o comportamento em diferentes alturas do dia. Nesse caso, o maior agrupamento não é obviamente aquele em que se encontram todos os casos normais;
- Com este método, o parâmetro a deve ser especificado. O método é bastante sensível a este parâmetro, cujo melhor valor não é óbvio. Em primeiro lugar, a escala de distância entre os dados nos diferentes subespaços é bastante diferente; a distância entre qualquer par de dados aumenta naturalmente quando é avaliada num subespaço de dimensão superior em comparação com um subespaço de dimensão inferior. Por conseguinte, especificar um valor ad hoc de a para cada subespaço avaliado é bastante fastidioso e difícil. Em segundo lugar, a é também fortemente influenciado pelo número de agregados que o método de agregação gera, ou seja, k . Se o número de clusters k for pequeno, D torna-se relativamente grande e a deve ser escolhido em conformidade, e vice-versa.

Recentemente, foi proposta uma extensão do termo kNN, designada Grid-ODF, dos k objectos mais próximos para as *k regiões densas* mais próximas [114]. Neste método, a soma das distâncias entre cada ponto de dados e as k regiões densas *mais próximas* é utilizada para classificar os pontos de dados. Isto permite que o algoritmo meça a proximidade dos pontos de dados a partir de uma perspetiva mais global. O Grid-ODF tem em conta os mecanismos utilizados para reconhecer os outliers globais e locais. Na perspetiva local, a vizinhança imediata do ponto é examinada e este é considerado um outlier se a densidade da sua vizinhança for baixa. A visão global tem em conta as regiões densas em que os pontos de dados no espaço de dados estão densamente povoados. Em particular, a densidade de vizinhança do ponto serve como um bom indicador do seu grau de anomalia na perspetiva local. $_{12}$Na subfigura esquerda da Figura 2, são utilizados dois campos quadrados de igual dimensão para delinear a vizinhança dos pontos p e p . $_{121}$Uma vez que a densidade de vizinhança de p é inferior à de p , o grau de desvio de p é superior a $p2$. Por outro lado, a distância entre o ponto e as regiões densas reflecte a semelhança entre esse ponto e as regiões densas. Quanto maior for esta distância, mais *p se afasta* da população principal de pontos de dados e mais elevado é o grau de desvio, caso contrário não é. Na subfigura direita de 2, vemos uma região densa e dois pontos desviantes, $p1$ e $p2$. Uma vez que a distância entre $p1$ e

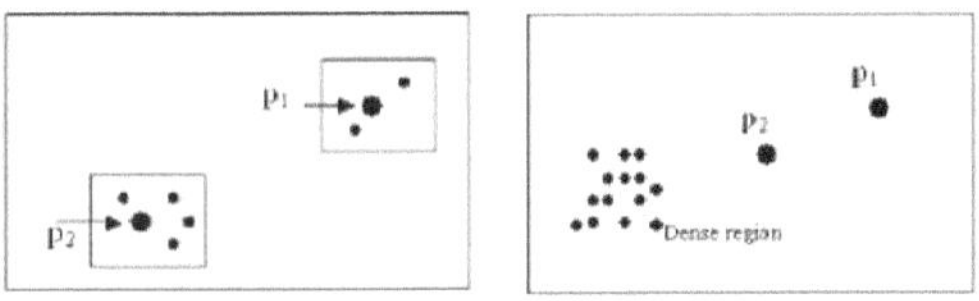

$_1$Figura 2: Perspectivas local e global do efeito de exceção de p e p_2

$$ODF(p) = \frac{k\_DF(p)}{NDF(p)}$$

$_2$da região densa é maior do que a existente entre p e a região densa, de modo que o grau de desvio de $p1$ é maior do que o de $p2$.

Com base nas observações anteriores, é proposta uma nova medida do fator de exterioridade dos pontos de dados, designada por *fator de grau de exterioridade* (ODF), para medir a exterioridade dos pontos, tanto do ponto de vista global como local. O ODF de um ponto p é definido da seguinte forma: *k DF(p)* representa a distância média entre p e as suas k células densas mais próximas e *NDF(p)* representa o número de pontos que caem na célula a que p pertence.

Para calcular eficazmente a ODF dos pontos, é utilizada uma estrutura de grelha para particionar o espaço de dados. A ideia principal da partição do espaço de dados com base numa grelha consiste em sobrepor o espaço de dados com um cubo multidimensional constituído por células com o mesmo volume. Caracteriza-se pelas seguintes vantagens. Em primeiro lugar, *o NDF(p)* pode ser determinado imediatamente, contando simplesmente o número de pontos que caem na célula a que p pertence, sem utilizar quaisquer técnicas de indexação. Em segundo lugar, as regiões densas podem ser identificadas de forma eficiente, pelo que o cálculo de *k-DF(p)* pode ser efectuado muito rapidamente. Por último, com base na densidade das células da grelha, podemos selecionar os n melhores valores atípicos apenas a partir de um determinado número de pontos considerados *candidatos a valores atípicos*, em vez de a partir de todo o conjunto de dados. Os *n melhores* outliers são seleccionados a partir destes candidatos a outlier com base na classificação dos seus valores ODF.

Os métodos de distância kNN, que definem os *n* objectos de topo com os valores mais elevados das métricas de anomalias correspondentes como anomalias, têm a vantagem, em relação aos métodos de vizinhança local, de classificar os pontos de dados com base na sua classificação relativa e não no limiar de distância. Uma vez que o valor de *n*, o valor mais elevado de outlier que interessa aos utilizadores, pode ser muito pequeno e é relativamente independente do conjunto de dados subjacente, é mais fácil de especificar pelos utilizadores do que o limiar de distância *A*.

C. Vantagens e desvantagens dos métodos baseados na distância

A principal vantagem dos algoritmos baseados na distância é o facto de, ao contrário dos métodos baseados na distribuição, não serem paramétricos e não dependerem de uma distribuição assumida para se ajustarem aos dados. As definições de outliers baseadas na distância são bastante simples e fáceis de compreender e implementar.

O seu principal inconveniente é o facto de a maioria não ser eficaz em espaços de elevada dimensão devido à maldição da dimensionalidade, embora seja possível alargar mecanicamente a métrica da distância, como a distância euclidiana, para dados de elevada dimensão. Os dados de alta dimensão em aplicações reais são muito ruidosos e os desvios anómalos podem estar integrados em alguns subespaços de baixa dimensão que não podem ser observados no espaço de dados completo. As suas definições de uma vizinhança local, independentemente da vizinhança circular

O número de candidatos a outlier é normalmente 9 ou 10 vezes superior ao número de outliers finais a encontrar (ou *seja,* top *n*), a fim de obter um conjunto suficientemente grande para a seleção de outliers. Assume-se que o tamanho dos candidatos a outlier é $m * n$, em que *m* é um número positivo dado pelos utilizadores. Para gerar *m * n candidatos a outlier,* todas as células que contêm pontos são ordenadas por ordem crescente com base nas suas densidades e, em seguida, os pontos nas primeiras *t* células da lista de ordenação que satisfazem a seguinte desigualdade são seleccionados como $m * n$ candidatos a outlier:

$$\sum_{i=1}^{t-1} Den(C_i) \leq m * n \leq \sum_{i=1}^{t} Den(C_i)$$

ou os *k* vizinhos mais próximos, não são muito significativos num espaço de grande dimensão. Uma vez que cada ponto tende a estar igualmente distante um do outro à medida que o número de dimensões aumenta, o grau de excentricidade de cada ponto é aproximadamente idêntico e não podem ser observados desvios ou anomalias significativos. Por conseguinte, nenhum dos pontos de dados pode ser considerado anómalo quando os conceitos de proximidade são utilizados para definir anómalos. Além disso, a pesquisa de vizinhança e de kNN num espaço de elevada dimensão é uma tarefa não trivial e dispendiosa. [2]Os algoritmos simples, como os baseados em loops aninhados, requerem normalmente cálculos de distância $O(N)$. Este escalonamento quadrático significa que será muito difícil encontrar valores atípicos à medida que processamos conjuntos de dados cada vez maiores. Este é um grande problema para muitas bases de dados do mundo real, onde existem frequentemente milhões de registos. Por isso, estas abordagens não têm boa escalabilidade para grandes conjuntos de dados. Por último, os métodos baseados na distância existentes não são capazes de lidar com fluxos de dados, uma vez que é difícil manter uma distribuição de dados na vizinhança local ou encontrar o kNN para os dados no fluxo.

2.2.3 Métodos baseados na densidade

Os métodos baseados na densidade utilizam mecanismos mais complexos para modelizar os valores anómalos dos pontos de dados do que os métodos baseados na distância. Regra geral, não é apenas examinada a densidade local do ponto analisado, mas também as densidades locais dos seus vizinhos mais próximos. Assim, a métrica de outlier de um ponto de dados é relativa, no sentido em que é normalmente um rácio entre a densidade desse ponto e a média das densidades dos seus vizinhos mais próximos. Os métodos baseados na densidade oferecem uma maior capacidade de modelação dos valores atípicos, mas ao mesmo tempo exigem cálculos mais complexos. Nesta subsecção, são abordados os métodos baseados na densidade mais importantes, designados por método LOF, método COF, método INFLO e método MDEF.

A. Método LOF

O primeiro esquema importante de formulação de outliers baseado na densidade foi proposto em [26], que é mais robusto do que os métodos de deteção de outliers baseados na distância. Em [26], é apresentado um exemplo (ver Figura 3), que utiliza o método ad-

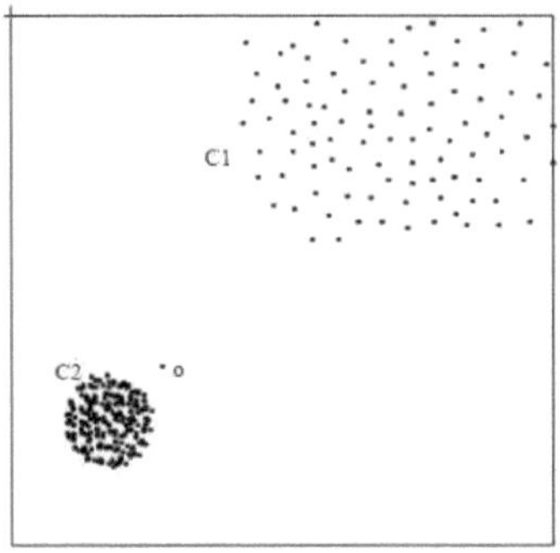

Figura 3: Um exemplo de conjunto de dados que mostra a vantagem do LOF sobre os outliers *DB*(*k, A*)

$$LOF_{MinPts}(p) = \frac{\sum_{o \in MinPts(p)} \frac{lrd_{MinPts}(o)}{lrd_{MinPts}(p)}}{|N_{MinPts}(p)|}$$

Vantagem de um método baseado na densidade em comparação com métodos baseados na distância, como *DB*(*k, A*) outliers. O conjunto de dados contém um outlier *o*, e c_1 e c_2 são dois clusters com densidades muito diferentes. O método de outlier *DB*(k, *A*) não consegue distinguir *o* do resto do conjunto de dados, independentemente dos valores que os parâmetros *k* e *A* assumam. Isto deve-se ao facto de a densidade da vizinhança de *o* ser muito mais próxima da dos pontos do agrupamento c_1. No entanto, o método baseado na densidade proposto em [26] pode resolver este problema com êxito.

Esta formulação baseada na densidade quantifica o grau de pontos aberrantes utilizando o *fator de aberração local (LOF)*. Para um dado parâmetro *M emP ts,* o LOF de um ponto *p* é definido da seguinte forma, em que $|N_{MinPts}(p)|$ *denota* o número de objectos que se situam na vizinhança MinPts de *p*, e $lrd_{MinPts}(p)$ denota a *densidade de acessibilidade local* do ponto *p*, que é definida como o recíproco da distância média de acessibilidade

$$lrd_{MinPts}(p) = 1 / \left(\frac{\sum_{o \in MinPts(p)} reach\_dist_{MinPts}(p, o)}{|N_{MinPts}(p)|} \right)$$

Além disso, a distância de acessibilidade do ponto *p* é definida como

$$reach\text{-}dist_{MinPts}(p, o) = max(MinPts\text{-}distance(o), dist(p,o))$$

Intuitivamente, a LOF de um objeto reflecte o contraste de densidade entre a sua densidade e a da sua vizinhança. "A vizinhança é definida pela distância ao vizinho mais próximo. O fator de anomalia local é um valor médio do rácio entre a distribuição da densidade estimada na vizinhança do objeto analisado e as densidades da distribuição dos seus vizinhos [26]. Quanto mais baixa for a densidade de p e/ou quanto mais altas forem as densidades dos vizinhos de p, mais alto será o valor de LOF (p), o que indica que p é um objeto aberrante em maior grau. Em [25], foi proposta uma medida de outlier semelhante à LOF, designada OPTICS-OF.

Infelizmente, o método LOF requer o cálculo de LOF para todos os objectos no conjunto de dados, o que é bastante dispendioso porque requer um grande número de pesquisas kNN. O elevado custo do cálculo da LOF para cada ponto de dados p é causado por dois factores. thEm primeiro lugar, é necessário encontrar o vizinho mais próximo de p para determinar a sua vizinhança. $^{k}{}_{n}^{k}$Isto é semelhante ao cálculo de D na deteção de D outliers. ^{ththth}Em segundo lugar, uma vez determinada a vizinhança *M emP ts de p,* temos de encontrar a vizinhança *M emP ts* para cada ponto de dados que se insere na vizinhança *M emP ts* de *p*. $^{thk}{}_{n}^{k}$Isto significa um esforço computacional *M vezes maior* do que o cálculo de D para a deteção de D -outliers.

É desejável restringir a pesquisa aos n primeiros outliers em vez de calcular a LOF para cada objeto da base de dados. A eficiência deste algoritmo é aumentada por um algoritmo eficiente baseado em microaglomerados para a deteção de anomalias locais proposto em [66].

O LOF apenas classifica os pontos tendo em conta a densidade de vizinhança dos pontos e pode, por conseguinte, não detetar potenciais valores anómalos cuja densidade seja próxima da dos seus vizinhos. Além disso, a eficácia deste algoritmo com LOF é bastante sensível à escolha de *MinPts*, o parâmetro utilizado para definir a vizinhança local.

B. Método COF

O método LOF tem a desvantagem de poder ignorar potenciais outliers cuja densidade de vizinhança local é muito semelhante à dos seus vizinhos. Para resolver este problema, Tang *et al. propuseram* um novo esquema de fator de anomalia *baseado na conetividade* (COF), que melhora a eficácia do esquema LOF quando um padrão tem uma densidade de vizinhança semelhante à de uma anomalia [111]. Para modelar a conetividade de um ponto de dados em relação a um grupo dos seus vizinhos, define-se um caminho do vizinho mais próximo baseado num conjunto (SBN-path) e um rasto do vizinho mais próximo baseado num conjunto (SBN-trail) com origem nesse ponto de dados. Este caminho SBN, que começa num ponto, é considerado como o padrão representado pelos vizinhos desse ponto. Com base no rasto SBN, é calculado o custo deste rasto, uma soma ponderada dos custos de todas as arestas que o formam. A métrica final de outlier, COF, de um ponto *p em* relação aos seus *k vizinhos* é definida como

$$COF_k(p) = \frac{|N_k(p)| * ac\_dist_{N_k(p)}(p)}{\sum_{o \in N_k(p)} ac\_dist_{N_k(o)}(o)}$$

em que $ac\_dist_{(p)}(p)$ é a distância média de concatenação do ponto p ao resto dos seus k vizinhos mais próximos, que *resulta* da soma ponderada dos custos do trajeto SBN a partir de p.

Em [111] foi demonstrado que o método COF pode reconhecer melhor os outliers do que o método LOF nalguns casos. No entanto, o método COF requer cálculos mais dispendiosos do que o método LOF e a complexidade temporal para conjuntos de dados de elevada dimensão é da ordem de $O(N)$.

C. Método INFLO

Embora o LOF seja capaz de estimar com exatidão a propriedade de outlier dos pontos de dados na maioria dos casos, não o consegue fazer em algumas situações complicadas. Por exemplo, se os valores atípicos estiverem localizados num local onde as distribuições de densidade na vizinhança diferem significativamente, isto pode conduzir a uma estimativa incorrecta. Um exemplo em que o LOF não fornece uma estimativa exacta da propriedade de outlier dos pontos de dados é descrito em [67]. O exemplo é apresentado na Figura 4. Neste exemplo, os dados p fazem efetivamente parte de um agrupamento esparso C2 que está localizado perto do agrupamento denso C1. Em comparação com os objectos q e r, p tem obviamente menos outliers. No entanto, se o LOF for utilizado neste caso, poder-se-ia assumir erradamente que p tem uma qualidade de outlier mais forte do que q e r.

Os autores em [67] salientaram que este problema de LOF se deve à especificação imprecisa do espaço em que a LOF é aplicada. Para resolver este problema de LOF, é proposto um método melhorado denominado INFLO [67]. A ideia do IN- FLO é que tanto os vizinhos mais próximos (NNs) como os vizinhos mais próximos inversos (RNNs) de um ponto de dados são considerados para obter uma melhor estimativa da distribuição da densidade da vizinhança. Os RNNs de um objeto p são os pontos de dados que têm p como um dos seus k vizinhos mais próximos. Ao considerar a relação de vizinhança simétrica de NN e RNN, o espaço de um objeto que é influenciado por outros objectos pode ser bem determinado. Este espaço é referido como o *espaço de influência k* de um ponto de dados. A exterioridade de um ponto de dados, denominada INFLuenced Outlierness (INFLO), é quantificada. O INFLO de um ponto de dados p é definido como

O INFLO é, por natureza, muito semelhante ao LOF. Em relação a um ponto de dados p, ambos são definidos como o rácio entre a densidade de p e a densidade média dos objectos vizinhos. No entanto, o INFLO utiliza apenas os pontos de dados no seu espaço de cinfluência para calcular o rácio da densidade. ₙₓQuando se utiliza o INFLO, as densidades da vizinhança são estimadas de forma razoável, de modo a que os outliers encontrados sejam mais significativos. *ac_dist* $_{(p)}(p)$ é a distância média de concatenação do ponto *p* ao resto dos seus *k* vizinhos mais próximos, que *é* a soma ponderada dos custos do trajeto SBN a partir de *p*.

Em [111] foi demonstrado que o método COF pode reconhecer melhor os outliers do que o método LOF nalguns casos. ²No entanto, o método COF requer cálculos mais complexos do que o método LOF e a complexidade temporal para conjuntos de dados de elevada dimensão é da ordem de $O(N)$.

C. Método INFLO

Embora o LOF seja capaz de estimar com exatidão a propriedade de outlier dos pontos de dados na maioria dos casos, não o consegue fazer em algumas situações complicadas. Por exemplo, se os valores atípicos estiverem localizados num ponto em que as distribuições de densidade na vizinhança diferem significativamente, isto pode levar a uma estimativa incorrecta. A

Figura 4: Um exemplo em que a LOF não funciona

$$INFLO_k(p) \quad \frac{den_{avg}(IS_k(p))}{den(p)}$$

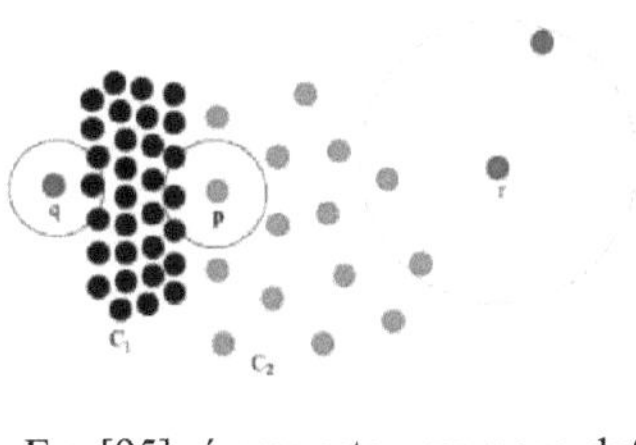

Método MDEF

Em [95], é proposta uma nova definição de outlier baseada na densidade, designada por fator de desvio de multigranularidade (MEDF). Intuitivamente, o MEDF num raio *r* para um ponto p_i é o desvio relativo da densidade da sua vizinhança local em relação à densidade média da vizinhança local na sua *vizinhança r*. ᵢSeja $n(p_i, ar)$ o número de objectos na vizinhança *ar* de p_i e $n(p_i, r, a)$ a média de todos os objectos *p* na *vizinhança r* de *p* de $n(p, ar)$. No exemplo apresentado na Figura 5, $n(p_i, ar) = 1$ e $n(p_i, r, a) = (1+6+5+1)/4=3.25$.

ᵢO MDEF de *p* é definido para um dado *r* e *a* como $a = 1$. É definida uma gama de valores diferentes para o raio de amostragem *r*, e os valores mínimo e máximo de *r* são designados por r_{min} e r_{max}. $_{minmax}$Um ponto é rotulado como outlier se o seu MDEF for suficientemente grande para um dado $r \in [r, r]$.

D. Vantagens e desvantagens dos métodos baseados na densidade

Os métodos de deteção de anomalias baseados na densidade são geralmente mais eficazes do que os métodos baseados na distância. No entanto, para alcançar uma maior eficácia, os métodos baseados na densidade são mais complicados e computacionalmente dispendiosos. Para um objeto de dados, não só têm de determinar a sua

$$MDEF(p_i, r, \alpha) = 1 - \frac{n(p_i, \alpha r)}{\hat{n}(pi, r, \alpha)}$$

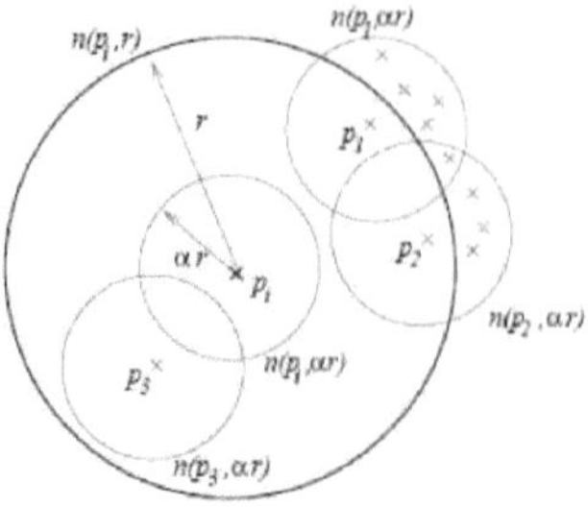

Figura 5: Definição de MDEF

mas também a dos seus vizinhos. É de esperar uma pesquisa kNN complexa para todos os métodos existentes nesta categoria. Devido à complexidade inerente e à não actualizabilidade das medições de anomalias utilizadas, LOF, COF, INFLO e MDEF não podem processar fluxos de dados de forma eficiente.

2.2.4 Métodos baseados em clustering

A última categoria de algoritmos de deteção de valores atípicos para dados estáticos de dimensão relativamente baixa é a baseada em agrupamentos. Muitos algoritmos de extração de dados existentes na literatura detectam os valores atípicos como um subproduto dos algoritmos de agregação [6, 11, 13, 55, 129] e definem os valores atípicos como pontos que não se encontram em agregados ou que estão muito afastados deles. Assim, os métodos de agregação definem implicitamente os outliers como o ruído de fundo dos agregados. Até à data, existem numerosos estudos sobre agrupamento, e alguns deles estão equipados com alguns mecanismos para reduzir os efeitos negativos dos outliers, tais como CLARANS [91], DBSCAN [44], BIRCH [129], WaveCluster [104]. Mais recentemente, foram desenvolvidas algumas técnicas de agrupamento adaptadas ao agrupamento subespacial de dados de elevada dimensão, incluindo o CLIQUE [6] e o HPStream [9].

Em seguida, são apresentadas várias categorias principais de métodos de agrupamento, juntamente com uma análise das suas vantagens e desvantagens e da sua aplicabilidade na deteção de anomalias em fluxos de dados de elevada dimensão.

A. Métodos de agrupamento por partição

Os métodos de agrupamento por partição efectuam o agrupamento dividindo o conjunto de dados num determinado número de clusters. O número de clusters a obter, denotado por *k*, *é* determinado pelos utilizadores humanos. Normalmente, começam com uma partição inicial do conjunto de dados e, em seguida, optimizam iterativamente a função objetivo até atingir o valor ótimo para o conjunto de dados. No processo de agrupamento, o centro dos agrupamentos (métodos baseados em centróides) ou o ponto mais próximo do centro do agrupamento (métodos baseados em medóides) é utilizado para representar um agrupamento. Os métodos de agrupamento de partição representativos são PAM, CLARA, *k-means* e CLARANS.

O PAM [80] utiliza um método de k-medóides para identificar agrupamentos. O PAM selecciona aleatoriamente *k* objectos como medóides e troca de objectos até que todos os *k* objectos sejam elegíveis como medóides. [2]O PAM compara um objeto com todo o conjunto de dados para encontrar um medoid, pelo que tem um tempo de processamento lento com uma complexidade de $O(k(N-k))$, em que N *é* o número de dados no conjunto de dados e k é o número de clusters.

A CLARA [80] tenta melhorar a eficiência da PAM. Retira uma amostra do conjunto de dados e aplica o PAM à amostra, que é muito mais pequena do que todo o conjunto de dados.

k-means [86] começa por selecionar *k* objectos de dados como sementes do conjunto de dados. Estes podem ser seleccionados aleatoriamente ou de forma a que os pontos estejam mais afastados. Em seguida, cada ponto do conjunto de dados é analisado e atribuído a um dos clusters em função da distância mínima. A posição do centro de gravidade é recalculada e actualizada assim que um ponto é adicionado ao agrupamento, até que todos os pontos estejam agrupados nos agrupamentos finais. O algoritmo k-means é relativamente escalável e eficiente no processamento de grandes conjuntos de dados, uma vez que a complexidade computacional é $O(nkt)$, em que n *é* o número total de pontos, k *é* o número de agrupamentos e t é o número de iterações de agrupamento. No entanto, uma vez que é utilizado um centróide para representar cada agrupamento, *o método k-means* não é capaz de formar corretamente agrupamentos com uma grande variação de tamanho e formas arbitrárias, sendo também muito sensível ao ruído e aos valores atípicos do conjunto de dados, uma vez que um pequeno número desses dados afectará significativamente o cálculo da média no momento em que um novo objeto é agrupado.

O CLARANS [91] é um método *k-medóide* melhorado baseado numa pesquisa aleatória.

Começa com uma seleção aleatória de *k* nós e, em cada um dos passos seguintes, compara cada nó com um certo número dos seus vizinhos para encontrar um mínimo local. Uma vez encontrado um mínimo local, CLARANS repete este processo para outro mínimo até que um certo número de mínimos seja encontrado. O CLARANS demonstrou em experiências ser mais eficaz do que o PAM e o CLEAR. No entanto, a complexidade computacional do CLARANS é quase quadrática com o número de pontos [113] e é proibitiva para o agrupamento de grandes bases de dados. Além disso, a qualidade do resultado da agregação depende do método de amostragem e não é estável e inequívoca devido às características da pesquisa aleatória. B. Métodos de agregação hierárquica

Os métodos de agrupamento hierárquico constroem essencialmente uma decomposição hierárquica de todo o conjunto de dados. Dependendo da forma como este dendrograma é utilizado para gerar agrupamentos, pode ser dividido em duas categorias: *métodos aglomerativos* e *métodos divisivos*. Num método aglomerativo, cada ponto é inicialmente considerado como um agrupamento independente e, em cada passo subsequente, os dois agrupamentos mais próximos são fundidos até ser cumprido um critério de paragem. Em contraste com o método aglomerativo, um método divisivo começa com todos os pontos como um único agrupamento e divide-o em cada passo subsequente até ser cumprido um critério de paragem. Os métodos aglomerativos são utilizados com mais frequência na prática. Os representantes dos métodos hierárquicos são o agrupamento MST, o CURE e o CHAMELEON.

O agrupamento MST [118] é um algoritmo baseado em grafos para o agrupamento divisivo. Para *n* pontos, um MST é um conjunto de arestas que liga todos os pontos e tem um comprimento total mínimo. Um determinado número de clusters é então gerado através da eliminação de arestas com um comprimento superior. A sobrecarga do agrupamento MST é determinada pela construção Euclidean MST, que tem uma complexidade temporal de $O(nlogn)$, pelo que o algoritmo MST pode ser utilizado para o agrupamento escalável. No entanto, o algoritmo MST só funciona bem com conjuntos de dados limpos e é sensível a valores atípicos. A intervenção dos outliers, conhecida como "efeito de concatenação" (ou seja, uma linha de outliers entre dois clusters diferentes faz com que estes dois clusters sejam rotulados como um único cluster devido aos seus efeitos negativos), conduz a uma grave deterioração da qualidade dos resultados da agregação.

O CURE [55] utiliza um novo algoritmo de agrupamento hierárquico em que cada agrupamento é representado por um número constante de pontos bem distribuídos. Uma amostra aleatória do conjunto de dados original é primeiro particionada e cada partição é parcialmente agrupada. Os clusters parciais são então agrupados numa segunda passagem para obter os clusters desejados. Os múltiplos pontos representativos de cada agrupamento são seleccionados de modo a ficarem o mais afastados possível e encolhidos em direção ao centro, utilizando um fator de encolhimento especificado. Em cada passo do algoritmo, os dois clusters são fundidos com o par de pontos representativos mais próximo (este par de pontos representativos provém de clusters diferentes). Ao utilizar vários pontos que representam um agrupamento, o CURE consegue captar bem a forma dos agrupamentos e é adequado para agrupamentos com formas não esféricas e grandes diferenças de tamanho. O fator de redução ajuda a atenuar os efeitos negativos dos valores atípicos. Assim, o CURE é mais robusto contra outliers e identifica clusters com formas arbitrárias.

O CHAMELEON [72] é um método de agrupamento que tenta ultrapassar a limitação dos algoritmos de agrupamento hierárquico aglomerativo existentes, que é o facto de o agrupamento ser irreversível. Trabalha com um gráfico esparso em que os nós representam pontos de dados e as arestas ponderadas representam semelhanças entre os pontos de dados. O CHAMELEON utiliza primeiro um algoritmo de partição de grafos para agrupar os pontos de dados num grande número de subagrupamentos relativamente pequenos. Em seguida, é utilizado um algoritmo de agrupamento hierárquico aglomerativo para formar verdadeiros clusters através da fusão destes sub-clusters, passo a passo. A principal caraterística do CHAMELEON reside no seu mecanismo de determinação da semelhança entre dois subagrupamentos aquando da fusão dos subagrupamentos. O algoritmo hierárquico tem em conta tanto a interconectividade como a proximidade dos clusters. Por conseguinte, O CHAMELEON pode adaptar-se dinamicamente às propriedades internas dos clusters a fundir.

C. Métodos de agrupamento baseados na densidade

Os algoritmos de agrupamento baseados na densidade consideram os agrupamentos normais como regiões densas de objectos no espaço de dados, separadas por regiões de baixa densidade. Os seres humanos reconhecem normalmente um agrupamento pelo facto de ser uma região relativamente densa em comparação com a sua vizinhança esparsa. Os algoritmos de agrupamento baseados na densidade mais representativos são o DBSCAN e o DENCLUE.

A ideia básica do DBSCAN [44] é que, para cada ponto de um agrupamento, a vizinhança com um determinado raio deve conter pelo menos um número mínimo de pontos. O DBSCAN introduz o conceito de "pontos alcançáveis pela densidade" e efectua a agregação com base neste conceito. No DBSCAN, um cluster é um conjunto máximo de pontos alcançáveis em termos de densidade, dados os parâmetros *Eps* e *M inP ts*, em que *Eps* é o raio dado e *MinPts* é o número mínimo de pontos que devem estar na vizinhança de Eps. Para detetar agrupamentos no conjunto de dados, o DBSCAN examina a vizinhança *Eps de* cada ponto do conjunto de dados. Se a vizinhança *Eps de* um ponto *p* contiver mais do que *MinPts*, é criado um novo cluster com *p* como objeto central. Todos os objectos dentro desta *vizinhança Eps* são então atribuídos a este agrupamento. Todos os pontos recentemente adicionados passam pelo mesmo processo para alargar gradualmente este agrupamento. Quando não for possível encontrar mais objectos centrais, é iniciado outro objeto central e é criado outro agrupamento. Todo o processo de agrupamento termina quando não for possível adicionar mais pontos novos aos agrupamentos. Uma vez que os clusters detectados dependem da especificação dos parâmetros, o DBSCAN depende da capacidade do utilizador para selecionar um bom conjunto de parâmetros. O DBSCAN supera o CLARANS em termos de eficiência por um fator de mais de 100 [44]. O DBSCAN é também muito eficiente na descoberta de clusters de forma arbitrária. As desvantagens do DBSCAN são: (1) Está sujeito aos efeitos adversos do "efeito de concatenação"; (2) Os dois parâmetros usados no DBSCAN, ou seja, *Eps* e *MinPts*, não podem ser facilmente especificados com antecedência e exigem um longo processo de ajuste de parâmetros.

DENCLUE [61] efectua o agrupamento com base em funções de distribuição de densidade, um conjunto de funções matemáticas utilizadas para modelar a influência de cada ponto na sua vizinhança. A densidade global do espaço de dados pode ser modelada como a soma das funções de influência de todos os pontos de dados. Os clusters podem ser determinados por atractores de densidade. Os atractores de densidade são os máximos locais da função de densidade global. O DENCLUE tem a vantagem de poder lidar bem com conjuntos de dados com uma grande quantidade de ruído e permite uma descrição compacta de agrupamentos de qualquer forma em conjuntos de dados de elevada dimensão. Para facilitar o cálculo da função de densidade, o DENCLUE utiliza uma estrutura semelhante a uma grelha. O DENCLUE é fundamentalmente diferente dos algoritmos de agrupamento baseados em grelhas, apesar da utilização de grelhas no agrupamento, porque os algoritmos de agrupamento baseados em grelhas utilizam a grelha para resumir a informação sobre os pontos de dados em cada célula da grelha, enquanto o DENCLUE utiliza esta estrutura para calcular efetivamente a soma das funções de influência em cada ponto de dados.

D. Métodos de agrupamento baseados em grelha

Os métodos de agrupamento baseados em grelha efectuam o agrupamento com base numa estrutura de dados em forma de grelha, a fim de aumentar a eficiência do agrupamento. O espaço é quantificado num número finito de células que formam uma estrutura de grelha na qual são efectuadas todas as operações de agrupamento. A principal vantagem das abordagens desta categoria é o seu rápido tempo de processamento, que normalmente só depende do número de células no espaço quantificado e não do número de objectos de dados. Os representantes dos algoritmos de agrupamento baseados em grelha são o STING, o WaveCluster e o DClust.

O STING [113] divide o domínio espacial em grelhas rectangulares e constrói uma estrutura hierárquica de grelhas rectangulares. Examina o conjunto de dados e calcula a informação estatística necessária, como a média, a variância, o mínimo, o máximo e o tipo de distribuição para cada grelha. A estrutura de grelha hierárquica pode apresentar a informação estatística com diferentes resoluções em diferentes níveis. As informações estatísticas nesta estrutura hierárquica podem ser utilizadas para responder a consultas. A probabilidade de uma célula com um determinado nível de confiança ser relevante para a consulta é calculada com base nos parâmetros dessa célula. A probabilidade pode ser definida como a proporção de objectos nesta célula que satisfazem a condição da consulta. Uma vez determinado o intervalo de confiança, as células são classificadas como relevantes ou irrelevantes com base num limiar de confiança. Uma vez analisada a camada atual, o agrupamento continua com a camada seguinte e o processo é repetido. O algoritmo analisa então apenas as células relevantes e não todas as células. Este processo é concluído quando todas as camadas tiverem sido analisadas. Desta forma, todas as regiões relevantes (clusters) são encontradas e devolvidas em relação à consulta.

O WaveCluster [104] é um algoritmo de agrupamento em grelha baseado na transformada wavelet, uma técnica comummente utilizada no processamento de sinais. Transforma os dados espaciais multidimensionais num sinal multidimensional e é capaz de identificar regiões densas no domínio transformado, onde podem ser encontrados agrupamentos.

Em DClust [122], o espaço de dados relevante é dividido em células do mesmo tamanho e os pontos de dados são categorizados na estrutura da grelha. É selecionado um número de pontos representativos da base de dados com base no critério de densidade. A partir destes pontos representativos, é formada uma *árvore de extensão mínima* (MST), designada por R-MST. Uma vez criada a R-MST, o agrupamento multi-resolução pode ser facilmente efectuado. Suponhamos que um utilizador pretende encontrar *k* clusters. A pesquisa no grafo é iniciada pelo R-MST, partindo da aresta com o custo mais elevado para a aresta com o custo mais baixo. Quando uma aresta é percorrida, é marcada como tendo sido eliminada do R-MST. O número de partições resultantes da eliminação é calculado. O processo pára quando o número de partições atinge *k*. Qualquer alteração no valor de *k* significa simplesmente que o processo de pesquisa e marcação para o R-MST é iniciado novamente. Quando o R-MST estiver dividido em *k* partições, podemos aplicar esta informação ao conjunto de dados original, de modo a que cada ponto do conjunto de dados seja atribuído a uma única partição/cluster. O DClust está equipado com mecanismos mais robustos de eliminação de valores atípicos para identificar e filtrar os valores atípicos durante as diferentes fases do processo de agrupamento. Em primeiro lugar, o DClust utiliza um método de amostragem aleatória uniforme para pesquisar a grande base de dados. Este método elimina efetivamente a maioria das anomalias na base de dados. Em segundo lugar, o DClust utiliza uma estrutura de grelha para identificar pontos representativos. As células da grelha cuja densidade é inferior ao limiar são eliminadas. Este passo de pré-filtragem garante que o R-MST criado reflecte com precisão a estrutura de agrupamento subjacente. Em terceiro lugar, o agrupamento de pontos representativos pode resultar na formação de um grupo de pontos anómalos muito próximos. O número de pontos nesses clusters de pontos anómalos será muito menor do que o número de pontos nos clusters normais. Por conseguinte, todos os pequenos agregados com pontos representativos são tratados como agregados anómalos e eliminados. Por último, quando os pontos do conjunto de dados são rotulados, alguns desses pontos podem estar bastante afastados de um ponto representativo. O DClust considera esses pontos como anómalos e filtra-os nos resultados finais do agrupamento.

E. Vantagens e desvantagens dos métodos baseados em agrupamentos

A deteção de valores atípicos através da análise de agrupamento é bastante intuitiva e corresponde à perceção humana de valores atípicos. Além disso, o agrupamento é uma área de investigação estabelecida e existem inúmeros algoritmos de agrupamento entre os quais o utilizador pode escolher para efetuar o agrupamento e depois reconhecer os valores atípicos.

No entanto, muitos investigadores argumentam que, em termos estritos, os algoritmos de agrupamento não devem ser considerados métodos de deteção de outliers, uma vez que o seu objetivo é apenas agrupar os objectos no conjunto de dados de forma a otimizar as funções de agrupamento. O objetivo de eliminar os outliers no conjunto de dados através do agrupamento é apenas atenuar o seu impacto negativo no resultado final do agrupamento. Isto contrasta com as várias definições de valores atípicos na deteção de valores atípicos, que são mais objectivas e independentes da forma como os agregados são identificados no conjunto de dados de entrada. Uma das principais filosofias no desenvolvimento de novas abordagens de deteção de anomalias consiste em modelar e detetar anomalias diretamente sem agrupar os dados em primeiro lugar. Além disso, as noções de anomalias no contexto da agregação são essencialmente de natureza binária, sem qualquer indicação quantitativa do grau de desvio de cada objeto. Em muitas aplicações, é desejável que os outliers possam ser quantificados e classificado.

2.3 Métodos de deteção de outliers para dados de elevada dimensão

Existem muitas aplicações em domínios de elevada dimensão em que os dados podem conter dezenas ou mesmo centenas de dimensões. Os métodos de deteção de valores aberrantes apresentados nas secções anteriores utilizam vários conceitos de proximidade para encontrar os valores aberrantes com base na sua relação com os outros pontos do conjunto de dados. No entanto, num espaço de elevada dimensão, os dados são esparsos e os conceitos que utilizam a noção de proximidade não são muito eficazes. Este facto deve-se à maldição da dimensionalidade, que faz com que os dados de elevada dimensão tendam a ser equidistantes uns dos outros à medida que a dimensionalidade aumenta. Não têm em conta os outliers integrados nos subespaços e não estão equipados com um mecanismo para os reconhecer.

2.3.1 Métodos de reconhecimento de valores anómalos em dados de elevada dimensão

Para ultrapassar os desafios associados à elevada dimensionalidade dos dados, foram realizadas duas grandes categorias de investigação. A primeira categoria de métodos projecta os dados de elevada dimensionalidade em dados de menor dimensionalidade. As técnicas para derivar a dimensionalidade, como a *análise de componentes principais* (PCA), *a análise de componentes independentes* (ICA), a *decomposição do valor singular* (SVD), etc., podem ser aplicadas aos dados de elevada dimensionalidade antes de se efetuar a deteção de valores aberrantes. Essencialmente, esta categoria de métodos efectua a seleção de características e pode ser considerada como um pré-processamento para a deteção de anomalias. A segunda categoria de abordagens é mais prometedora, mas também mais difícil. Tentam redesenhar o mecanismo para captar com precisão a relação de proximidade entre os pontos de dados num espaço de elevada dimensão [14].

A. Método do cubo esparso

Aggarwal *et al.* foram pioneiros na deteção de valores atípicos de elevada dimensão [15][14]. Propuseram uma nova técnica para a deteção de valores atípicos

$$S(D) = \frac{n(D) - N * f^k}{\sqrt{N * f^k * (1 - f^k)}}$$

que encontra os pontos atípicos observando as distribuições de densidade das projecções dos dados. De acordo com esta nova definição, um ponto é considerado anómalo se estiver localizado numa projeção de dimensão inferior numa área local com uma densidade invulgarmente baixa. Por conseguinte, os pontos aberrantes nestas projecções de dimensão inferior são simplesmente identificados através da procura destas projecções de densidade inferior. Para medir quantitativamente a esparsidade de uma projeção de baixa dimensão, os autores propuseram o chamado coeficiente *de esparsidade. O* cálculo do coeficiente de esparsidade envolve a discretização do espaço de dados por uma grelha e a assunção de uma distribuição normal para os dados em cada célula do hipercubo. Cada atributo dos dados é dividido em y regiões igualmente profundas. Em cada região existe uma fração $f = 1 /<p$ dos dados. Assim, forma-se um cubo *k-dimensional a* partir de regiões de k dimensões diferentes. Seja N a dimensão do conjunto de dados e $n(D)$ o número de objectos num cubo *k-dimensional D. Na* condição de os atributos serem estatisticamente independentes, o coeficiente de esparsidade $S(D)$ do cubo D é definido como

Uma vez que não existem propriedades de fecho para o coeficiente de esparsidade, não é possível efetuar uma poda rápida do subespaço e o problema de pesquisa de projeção a baixa dimensão torna-se um problema NP-difícil. Por conseguinte, os autores utilizam um algoritmo evolutivo para resolver este problema de forma eficiente. Depois de encontradas as projecções de baixa dimensão, é necessária uma fase de pós-processamento para mapear estas projecções para os pontos de dados; todos os conjuntos de pontos de dados contidos nas projecções anormais reportadas pelo algoritmo.

B. Método baseado em exemplos

Recentemente, foi desenvolvida uma abordagem que utiliza exemplos de valores atípicos fornecidos pelos utilizadores

para reconhecer os valores atípicos num espaço de dimensão elevada [123][124]. ⁰⁰O procedimento *"exemplos de anomalias ^ subespaços ^ anomalias" é utilizado* para reconhecer anomalias. Especificamente, os utilizadores humanos ou peritos do domínio começam por apresentar ao sistema alguns exemplos iniciais de valores atípicos. O algoritmo encontra os subespaços em que a maior parte destes exemplos anómalos apresentam um comportamento anómalo significativo. Finalmente, são reconhecidos outros valores atípicos a partir destes subespaços que foram determinados na etapa anterior. Nesta abordagem, o espaço de dados é dividido em células de igual profundidade e o coeficiente de esparsidade proposto em [14] é utilizado para medir a propriedade de outlier dos exemplos de outlier em cada subespaço da grelha. Uma vez que é insustentável pesquisar exaustivamente a grelha espacial, o autor propôs também a utilização de algoritmos evolutivos para a pesquisa de subespaços. A aptidão de um subespaço é a média dos coeficientes de esparsidade de todos os cubos desse subespaço, que incluem os exemplos aberrantes. Todos os objectos contidos nos cubos que são mais esparsos ou igualmente esparsos que os cubos com os exemplos aberrantes no subespaço são reconhecidos como aberrantes.

No entanto, este método é limitado na medida em que só consegue encontrar os valores atípicos nos subespaços em que a maioria dos exemplos de utilizadores dados se desviam significativamente. Os valores atípicos integrados noutros subespaços não podem ser reconhecidos. A capacidade de detetar eficazmente os outliers depende em grande medida do número de exemplos dados e, mais importante ainda, da semelhança desses exemplos com a maioria dos outliers do conjunto de dados. Idealmente, este conjunto de exemplos de utilizadores deve ser uma boa amostra de todos os outliers no conjunto de dados. Este método funciona mal quando o número de exemplos de utilizadores é bastante reduzido e não fornece pistas suficientes sobre a localização da maioria dos valores atípicos no conjunto de dados. Fornecer um tal conjunto de exemplos de anomalias é uma tarefa difícil. Há duas razões para este facto. Em primeiro lugar, não é trivial obter um conjunto de exemplos de valores atípicos para um conjunto de dados de elevada dimensão. Devido à falta de meios de visualização no espaço de dados de elevada dimensão, não é de todo óbvio encontrar os primeiros exemplos de valores atípicos, a menos que sejam detectados por outras técnicas. Em segundo lugar, e mais importante, mesmo que já se tenha encontrado um certo número de valores atípicos, é quase impossível testar a representatividade desses valores atípicos. Tendo em conta estas duas limitações graves, esta abordagem não é adequada para a deteção de valores atípicos em conjuntos de dados de elevada dimensão. Não tem em conta os outliers projectados que não são semelhantes aos exemplos de outliers dados.

C. Deteção de outlier em subespaços

Uma vez que a natureza aberrante dos pontos de dados parece significativa, especialmente em alguns subespaços com dimensionalidade moderada no espaço de alta dimensão, e a qualidade

$$r(a_i, b_i) \quad \frac{P(a_i, b_i)}{P(a_i)P(b_i)}$$

dos valores atípicos detectados varia em diferentes subespaços constituídos por diferentes combinações de subconjuntos de dimensões. Os autores em [29] utilizam um algoritmo evolutivo de seleção de características (para encontrar subconjuntos de dimensões óptimos que representem o conjunto de dados original sem perder informação para a tarefa de aprendizagem não supervisionada de deteção e agrupamento de anomalias). Esta abordagem é um algoritmo de envolvimento em que os subconjuntos de dimensões são seleccionados de forma a otimizar a qualidade da deteção de anomalias ou dos agrupamentos gerados. A originalidade deste trabalho consiste em combinar o algoritmo evolutivo com a técnica de visualização de dados que utiliza coordenadas paralelas para apresentar interactivamente os resultados da evolução e permitir que os utilizadores participem ativamente na pesquisa do algoritmo evolutivo, a fim de obter uma convergência rápida do algoritmo.

D. Deteção de outliers no subespaço para dados categóricos

Das *et al.* investigam o problema do reconhecimento de conjuntos de dados anómalos em conjuntos de dados categóricos [40]. Os autores baseiam-se numa abordagem probabilística para detetar anomalias. Para cada conjunto de dados do conjunto de dados, são analisadas as probabilidades de ocorrência de diferentes subconjuntos de atributos. Um conjunto de dados é rotulado como anómalo se a probabilidade de ocorrência dos valores de alguns dos seus subconjuntos de atributos for bastante baixa. „Especificamente, a probabilidade *de ocorrência* conjunta de dois subconjuntos de atributos a_t e b_t num conjunto de dados, designados por *r*(*a* , *b*), é quantificada do seguinte modo

Devido ao número extremamente elevado de subconjuntos de atributos possíveis, só são analisados os subconjuntos de atributos cujo comprimento não *seja superior* a *k*.

Uma vez que são sempre avaliados pares de subconjuntos de atributos, cada um dos quais contém pelo menos um atributo, este método evita a avaliação de anomalias para subconjuntos de atributos unidimensionais. Dado que o número de subconjuntos de atributos aumenta exponencialmente com *k*, o valor de *k* é normalmente escolhido como sendo pequeno para este método. Por conseguinte, este método só pode abranger subconjuntos de atributos que não sejam maiores do que *2k* para um conjunto de dados (este método avalia um par de subconjuntos de atributos de cada vez). Este facto limita a capacidade deste método para reconhecer conjuntos de dados que tenham subconjuntos de atributos com desvios superiores a *2k*.

2.3.2 Deteção de subespaços periféricos para dados de elevada dimensão

Todos os algoritmos de deteção de valores atípicos que discutimos até agora, independentemente de o cenário ser de baixa ou alta dimensionalidade, enquadram-se invariavelmente no âmbito da deteção de valores atípicos num determinado espaço de dados, quer em todo o espaço, quer num subespaço. Referimo-nos a estes métodos como técnicas de "*espaço ^ outliers*". Por exemplo, os valores atípicos são detectados pela primeira vez procurando subespaços localmente esparsos [14], e os chamados valores atípicos mais fortes/fracos são detectados pela primeira vez procurando os espaços mais pronunciados [77].

Um novo problema de investigação, designado por *deteção de subespaços periféricos,* foi recentemente identificado em [121][126][120] para dados múltiplos ou de elevada dimensão. A principal tarefa na deteção de subespaços periféricos é encontrar os subespaços (subconjuntos de características) em que os pontos de dados de interesse têm um desvio significativo em relação ao resto da população. Este problema pode ser formulado da seguinte forma: Dado um ponto ou objeto de dados, encontrar os subespaços em que esses dados são significativamente diferentes, excepcionais ou inconsistentes em comparação com o resto dos pontos ou objectos. Estes pontos a analisar são designados por *pontos de consulta, que são normalmente* os dados em que os utilizadores estão interessados ou preocupados. Tal como em [121][126], é utilizado um limiar de distância *T para decidir* se um ponto de dados se desvia significativamente dos seus pontos vizinhos ou não. Um subespaço *s é designado* por subespaço outlier do ponto de dados *p* se $OD_s(p) > T$, em que *OD* é a medida de outlier de *p.*

Encontrar os subespaços correctos para que os valores atípicos possam ser reconhecidos é informativo e útil em muitas aplicações práticas. Por exemplo, ao desenvolver um programa de treino para um atleta, é importante identificar os subespaços específicos em que um atleta se desvia dos seus colegas de equipa no seu desempenho diário de treino. Conhecer o ponto fraco específico (o subespaço) permite criar um programa de treino mais direcionado. Num sistema médico, é útil que os médicos identifiquem, a partir de dados médicos extensos, os subespaços em que um determinado doente se destaca, para que se possa iniciar atempadamente um tratamento médico adequado.

A particularidade do problema de deteção de valores atípicos em subespaços é que os valores atípicos não são detectados em subespaços específicos, como nas técnicas clássicas de deteção de valores atípicos, mas que os subespaços correspondentes em que os pontos de dados dados apresentam desvios anormais são procurados na grelha espacial. $_{0000}{}^{00}$Por conseguinte, o problema da deteção de anomalias em subespaços é designado por problema *"anomalias ^ espaços"* para o distinguir do problema clássico de deteção de anomalias, que é designado por problema "*espaço ^ anomalias".* Foi demonstrado teórica e experimentalmente que os métodos convencionais de deteção de anomalias, independentemente de lidarem com dados de baixa ou alta dimensão, não conseguem lidar com sucesso com o problema de deteção de anomalias no subespaço [121]. Os métodos de deteção de outliers de alta dimensão existentes, ou *seja,* a deteção de outliers em subespaços específicos, são teoricamente capazes de resolver o problema da deteção de outliers. Para tal, é necessário detetar valores atípicos em todos os subespaços, e é necessária uma pesquisa em todos esses subespaços para encontrar o conjunto de subespaços atípicos de *p, ou seja,* os subespaços em que *p* se encontra no respetivo conjunto de valores atípicos. É óbvio que os custos computacionais e espaciais são de uma ordem exponencial de *d,* em que *d* é o número de dimensões dos pontos de dados. Uma pesquisa espacial tão exaustiva é bastante dispendiosa em cenários de elevada dimensão. Além disso, em geral, só se obtêm os *n* primeiros outliers num determinado subespaço, o que torna impossível verificar se *p* é ou não um outlier nesse subespaço se *p* não estiver incluído nessa lista dos n primeiros. Esta análise dá uma ideia das dificuldades inerentes à utilização das técnicas existentes de deteção de anomalias em alta dimensão para resolver o novo problema de deteção de anomalias no subespaço.

A. AltoDoD

Zhang *et al.* *propuseram* um novo algoritmo de pesquisa dinâmica de subespaços, designado HighDoD, para identificar eficientemente os subespaços desviantes para os pontos de dados de consulta dados [121][126]. A medida de outliers, *OD, baseia-se* na soma das distâncias entre um ponto de dados e os seus *k* vizinhos mais próximos [10]. Esta medida é simples e independente das propriedades estatísticas e de distribuição subjacentes dos pontos de dados. Propõem-se as duas estratégias heurísticas de poda seguintes, que utilizam a propriedade de fecho ascendente e descendente, para ajudar na procura de subespaços remotos: *Se um ponto p num subespaço s não é um outlier, então não pode ser um outlier em qualquer subespaço que seja um subconjunto de s. Se um ponto p num subespaço s for um outlier, então será um outlier em todos os subespaços que sejam um superconjunto de s.* Todos estes subespaços podem ser retirados de consideração numa fase posterior do processo de pesquisa. Propõe-se um algoritmo rápido de pesquisa dinâmica de subespaços com um processo de aprendizagem baseado na amostragem. O processo de aprendizagem visa quantificar as probabilidades prévias de poda ascendente e descendente em cada camada da grelha espacial. O *Fator de Poupança Total* (TSF) de cada camada do subespaço da grelha, que é utilizado para medir a vantagem potencial na poupança de computação, é atualizado dinamicamente e a pesquisa é efectuada na camada da grelha que tem o valor TSF mais elevado em cada passo do algoritmo.

No entanto, a HighDoD sofre das seguintes limitações principais. Em primeiro lugar, o HighDoD baseia-se fortemente na propriedade de fecho (monotonicidade) da medição divergente dos pontos de dados, designada por OD, para efetuar a poda rápida de baixo para cima ou de cima para baixo dos subespaços na grelha espacial, que é a técnica-chave que o HighDoD utiliza para acelerar a pesquisa de subespaços. De acordo com a definição de OD, um subespaço terá sempre mais probabilidades de ser um subespaço divergente do que os subespaços dos seus subconjuntos. Isto deve-se ao facto de a DO dos pontos de dados aumentar naturalmente à medida que a dimensionalidade dos subespaços analisados aumenta. No entanto, esta pode não ser uma medida muito exacta. A definição da propriedade de outlier de um ponto de dados é mais significativa quando o seu valor medido pode ser relacionado com outros pontos, ou seja, o nível médio do valor medido para outros pontos no mesmo subespaço deve ser considerado simultaneamente para tornar o valor medido estatisticamente significativo. Por conseguinte, o desenvolvimento de um novo método de pesquisa é desejável nesta situação. Em segundo lugar, o HighDoD rotula cada subespaço de forma binária, quer como subespaço aberrante, quer como subespaço não aberrante, e a maior parte dos subespaços são eliminados antes de as suas medições aberrantes serem virtualmente avaliadas no HighDoD. Por conseguinte, não é possível ao HighDoD produzir uma lista ordenada de subespaços reconhecidamente desviantes. Obviamente, em muitos casos, uma lista ordenada é mais informativa e útil do que uma lista não ordenada. Finalmente, é utilizado um limiar definido pelo utilizador para decidir se um subespaço é ou não periférico em relação a um ponto de consulta. Este parâmetro define a "frente periférica" (a fronteira entre os subespaços periféricos e os subespaços não periféricos). Infelizmente, o valor deste parâmetro não pode ser facilmente determinado, uma vez que não existe conhecimento prévio da distribuição subjacente dos pontos de dados, que pode ser muito complexa em espaços de elevada dimensão.

B. Método SOF

Em [128], é proposto um novo método baseado num algoritmo genético para resolver o problema da deteção de valores aberrantes no subespaço e ultrapassar as desvantagens dos métodos existentes. É desenvolvida uma nova métrica, designada por "*Subspace Outlying Fator" (SOF),* para medir o grau de outliers de cada ponto de dados em diferentes subespaços. Com base no SOF, é proposta uma nova definição para subespaços aberrantes, designada por SOF Outlying Subspaces. ^{00}*Dado* um conjunto de dados de entrada D e os parâmetros n e k, um subespaço s *é* um subespaço periférico SOF para um dado ponto de dados de consulta p *se não houver* mais de n - 1 outros subespaços s tais que $SOF(s, p) > SOF(s, p)$. A definição acima é equivalente à afirmação de que os n primeiros subespaços com os maiores valores de SOF são considerados subespaços periféricos. Os parâmetros utilizados na definição dos subespaços periféricos SOF são fáceis de especificar e não requerem qualquer conhecimento prévio da distribuição dos dados do conjunto de dados. É proposto um método baseado num algoritmo genético (AG) para reconhecer os subespaços periféricos. A propriedade de fecho ascendente e descendente já não é necessária no método baseado em AG, e os subespaços periféricos detectados podem ser classificados com base nos valores da sua função de aptidão. ^{kth}São propostos os conceitos de limites inferior e superior de D , a distância entre um dado ponto e os seus k vizinhos mais próximos. Estes limites são utilizados para melhorar significativamente o desempenho do método, fornecendo uma aproximação rápida da aptidão dos subespaços no AG. É também proposta uma técnica para calcular eficientemente estes limites utilizando a chamada tabela de pesquisa kNN.

2.3.3 Algoritmos de agrupamento para dados de elevada dimensão

Recentemente, observámos vários desenvolvimentos em algoritmos de agrupamento para dados de elevada dimensão. Uma vez que o agrupamento é um meio possível, se não o melhor, de detetar valores anómalos, é necessário analisar estes novos desenvolvimentos. Os métodos representativos para o agrupamento de dados de elevada dimensão são o CLIQUE e o HPStream.

A. CLIQUE

O CLIQUE [7] é um método de agrupamento baseado em grelhas que discretiza o espaço de dados em unidades rectangulares não sobrepostas, obtidas através da divisão de cada dimensão num determinado número de intervalos de igual comprimento. Uma unidade é densa se a proporção de todos os pontos de dados contidos nessa unidade for superior a um valor limite. Os clusters são definidos como uniões de unidades densas contíguas num subespaço. O CLIQUE identifica primeiro um subespaço que contém clusters. É utilizado um algoritmo ascendente que explora a monotonicidade do critério de agrupamento em função da dimensionalidade: Se uma unidade k-dimensional é densa, então também o são as suas projecções no espaço (k -1)-dimensional. Um método para gerar candidatos determina iterativamente as unidades k-dimensionais C_k depois de as unidades densas (k -1)-dimensionais D_{k-1} terem sido determinadas. $_k$É efectuada uma passagem sobre os dados para determinar as unidades candidatas que são densas D . Um algoritmo de pesquisa em profundidade é então utilizado para identificar agrupamentos no subespaço: Começa com uma unidade u em D, atribui-lhe o primeiro número de cluster e encontra todas as unidades a que está ligada. Se ainda existirem unidades em D que ainda não tenham sido visitadas, é encontrada uma e o processo é repetido. O CLIQUE é capaz de encontrar automaticamente agrupamentos densos em subespaços de um conjunto de dados de elevada dimensão. Pode fornecer resultados idênticos independentemente da ordem em que os dados de entrada estão disponíveis e não requer qualquer forma matemática específica de distribuição de dados. No entanto, a exatidão deste método de agrupamento pode ser comprometida devido à sua simplicidade. Os clusters obtidos têm todos uma forma retangular, o que não corresponde, naturalmente, à forma dos clusters naturais. Além disso, os subespaços obtidos dependem da escolha do limiar de densidade. O CLIQUE utiliza um limiar de densidade global (ou *seja,* um parâmetro utilizado para todos os subespaços), pelo que é difícil fixar o seu valor, especialmente em subespaços de elevada dimensão, devido à maldição da dimensionalidade. Por fim, os subespaços determinados são aqueles em que existem unidades densas, mas isso não tem nada a ver com a existência de outliers. Por conseguinte, o CLIQUE não é adequado para reconhecer os outliers projectados.

B. HPStream

Para encontrar os agrupamentos integrados nos subespaços do espaço de dados de alta dimensão em fluxos de dados, é proposto um novo método de agrupamento designado HPStream [9]. O HPStream introduz o conceito de *agrupamento projetado* nos fluxos de dados, uma vez que os agrupamentos significativos e de alta qualidade só existem em alguns subespaços de baixa dimensão. A ideia básica do HPStream não é apenas encontrar clusters, mas também atualizar o conjunto dimensional associado a cada cluster, no qual podem ser encontrados clusters mais compactos. O número total de clusters encontrados no HPStream é inicialmente determinado pelo agrupamento k-means, e o conjunto inicial de dimensões associado a cada um desses *k* clusters é o conjunto completo de dimensões do fluxo de dados. À medida que chegam mais fluxos de dados, o conjunto de dimensões para cada cluster evolui de modo a que cada cluster possa tornar-se mais compacto com um raio mais pequeno.

O HPStream é inovador na procura de clusters incorporados em subespaços para fluxos de dados de elevada dimensão. No entanto, o número de subespaços devolvidos pelo HPStream corresponde ao número de clusters encontrados, que normalmente tem um valor pequeno. Consequentemente, quando o HPStream é utilizado para detetar anomalias projectadas, só consegue detetar as anomalias nos subespaços devolvidos e deixa passar uma parte significativa das anomalias noutros subespaços que não são devolvidos pelo HPStream. É claro que é possível aumentar o número de subespaços devolvidos para melhorar a taxa de deteção. No entanto, aumentar o número de subespaços significa um aumento correspondente no número de clusters. Um número inadequadamente grande de clusters não é consistente com a formação de clusters naturais e, portanto, afecta a precisão da deteção dos outliers projectados.

2.4 Métodos de deteção de anomalias para fluxos de dados

A última grande categoria de métodos de deteção de valores atípicos que iremos abordar neste capítulo são os métodos de deteção de valores atípicos para processamento de fluxos. Começaremos por discutir o LOF incremental e, em seguida, os métodos de deteção de anomalias para redes de sensores que utilizam a função de densidade de kernel. Os métodos de agrupamento incremental que podem lidar com dados que chegam continuamente também são discutidos no final desta subsecção.

A. Método LOF incremental

Uma vez que o método LOF não é capaz de processar fluxos de dados, é proposto um algoritmo LOF incremental em [97], que é adequado para a deteção de valores anómalos em bases de dados dinâmicas em que os dados são frequentemente inseridos e eliminados. O algoritmo LOF incremental proposto oferece um desempenho de deteção equivalente ao do algoritmo LOF estático iterado (que é aplicado após a inserção de cada registo), mas requer muito menos tempo de computação. Além disso, o algoritmo LOF incremental também actualiza dinamicamente os perfis dos pontos de dados. Trata-se de uma caraterística interessante, uma vez que os perfis dos dados podem mudar ao longo do tempo. Foi demonstrado que tanto a inserção de novos pontos de dados como a eliminação de pontos obsoletos apenas afectam um número limitado dos seus vizinhos mais próximos, pelo que a complexidade temporal da inserção/eliminação por ponto de dados não depende do número total de pontos N [97].

A vantagem da LOF incremental é o facto de poder tratar eficazmente as inserções e eliminações de dados. No entanto, o LOF incremental não poupa espaço. A complexidade de espaço deste método reside na ordem em que os dados são inseridos, mas não eliminados. Por outras palavras: O LOF incremental deve manter todo o comprimento do fluxo de dados para lidar com os dados que chegam continuamente, pois não usa resumo ou sinopse de dados compactos. Isto é claramente indesejável para aplicações de fluxo de dados, que estão normalmente sujeitas a restrições explícitas de espaço.

B. Métodos de deteção de anomalias para redes de sensores

Existem alguns métodos mais recentes para a deteção de anomalias em fluxos de dados. Estes métodos provêm principalmente do domínio das redes de sensores, como [100] e [30]. No entanto, o principal esforço destes trabalhos consiste em desenvolver métodos de deteção de anomalias distribuíveis para fluxos de dados distribuídos e não abordam o problema da deteção de anomalias em subespaços do espaço de dados de elevada dimensão. Palpanas *et al. propuseram* um dos primeiros métodos de deteção de outliers para fluxos de dados distribuídos no contexto de redes de sensores [100]. O autor classificou os nós sensores da rede como nós de baixa e alta capacidade, criando uma estrutura multi-resolução da rede de sensores. Os nós de alta capacidade são nós que estão equipados com um poder de computação relativamente forte e podem detetar anomalias locais. A função de densidade de kernel é utilizada para modelar a distribuição local dos dados numa ou mais dimensões espaciais. Um ponto é reconhecido como anómalo se o número de valores que caíram na sua vizinhança (delimitada por uma esfera de raio r) for inferior a um limiar específico da aplicação. O número de valores na vizinhança pode ser calculado utilizando a função de densidade do kernel. Do mesmo modo, os autores em [30] também sublinham a conceção de métodos de deteção de anomalias distribuídos. No entanto, neste documento, são utilizadas várias métricas de valores atípicos normalmente utilizadas, como a distância aos k vizinhos mais próximos, a distância média aos k vizinhos mais próximos e o inverso do número de vizinhos a uma determinada distância. No entanto, estas métricas não são aplicáveis aos fluxos de dados.

C. Métodos de agrupamento incremental

A maioria dos algoritmos de agrupamento discutidos anteriormente neste capítulo pressupõe um conjunto de dados completo e estático para funcionar. No entanto, em muitas aplicações, como fluxos de dados, novos dados estão constantemente a ficar disponíveis. Para os algoritmos de agrupamento clássicos mencionados acima, o reagrupamento a partir do zero é demasiado dispendioso e ineficiente para ter em conta as actualizações de dados. É altamente desejável que os dados possam ser processados e agrupados de forma incremental. Os algoritmos de agregação mais recentes e representativos que dispõem de mecanismos para lidar com as actualizações de dados são o BIRCH*, o STREAM e o CluStream.

O BIRCH* [54] é uma estrutura para algoritmos de agregação rápidos, escaláveis e incrementais. Na família de algoritmos BIRCH*, os objectos são lidos sequencialmente a partir das bases de dados e inseridos em agregados em evolução incremental representados por características de agregados generalizadas (CF*s), a representação condensada e resumida dos agregados. Um novo objeto lido a partir das bases de dados é inserido no cluster mais próximo. O BIRCH* organiza todos os clusters num índice na memória e numa árvore de altura equilibrada, a árvore CF*. Para um novo objeto, a procura de um cluster adequado requer um tempo que é logarítmico ao número de clusters para realizar uma pesquisa linear. As CF*s são eficientes porque: (1) requerem muito menos espaço do que a representação ingénua; (2) o cálculo das medições inter-cluster e intra-cluster com a CF* é muito mais rápido do que os cálculos que incluem todos os objectos nos clusters. O objetivo da árvore CF* é encaminhar um novo objeto para o cluster que lhe está mais próximo. As entradas não foliares e foliares têm uma função diferente: as entradas não foliares são utilizadas para encaminhar novos objectos para clusters foliares adequados, enquanto as entradas foliares representam os clusters em evolução dinâmica. No entanto, a agregação de conjuntos de dados de elevada dimensão não foi investigada no BIRCH*. Além disso, o BIRCH* não pode ter um bom desempenho se os agrupamentos não forem esféricos, uma vez que se baseia na compactação esférica para criar os agrupamentos.

O STREAM [92] trata do agrupamento de dados que chegam continuamente e propõe um algoritmo de agrupamento superior ao algoritmo k-means, normalmente utilizado. O STREAM assume que os dados chegam efetivamente em pacotes $X_1, x_2, ---, x_n$, cada um dos quais cabe na memória principal. O algoritmo de streaming funciona da seguinte forma. Para cada bloco *i*, o STREAM atribui primeiro um peso aos pontos nos blocos com base na frequência da sua ocorrência nos blocos para garantir que cada ponto ocorre apenas uma vez. A STREAM agrupa cada bloco utilizando o método LOCALSEARCH. Para cada fração, apenas são retidos *k* centros de agrupamento ponderados e toda a fração é rejeitada para libertar memória para novas fracções. Finalmente, a LOCALSEARCH é aplicada aos centros ponderados de $X_1, x_2, ..., x_n$ para obter um conjunto de centros (ponderados) para todo o fluxo $X_1, x_2, ..., x_n$.

Para encontrar agregados em diferentes horizontes temporais (por exemplo, último mês, último ano ou última década), é proposto em [8] um novo método de agregação para fluxos de dados denominado CluStream. Esta abordagem oferece ao utilizador a flexibilidade de examinar a forma como os agrupamentos evoluem em diferentes períodos de tempo. Para evitar ter de contabilizar a enorme quantidade de informação sobre os resultados do agrupamento em diferentes horizontes temporais, o CluStream divide o processo de agrupamento numa componente de micro-agrupamento em linha e numa componente de macro-agrupamento fora de linha. Na fase de microagrupamento, as estatísticas de dados para o agrupamento são recolhidas principalmente online. Este processo não depende dos dados introduzidos pelo utilizador, como o horizonte temporal ou a granularidade pretendida para o processo de agregação. O objetivo é manter as estatísticas a um nível de granularidade suficientemente elevado para que possam ser efetivamente utilizadas pelos componentes offline do macro-agrupamento específico do horizonte e da análise evolutiva. Os microagrupamentos gerados pelo algoritmo servem como uma representação estatística intermédia que pode ser mantida de forma eficiente mesmo com um grande fluxo de dados. O processo de macro-clustering não funciona com o fluxo de dados original, que pode ser muito grande. Em vez disso, são utilizadas as estatísticas resumidas dos microagrupamentos, armazenadas de forma compacta. Por conseguinte, a fase de microagrupamento não está sujeita à restrição de passagem única das aplicações de fluxo de dados.

D. Vantagens e desvantagens da deteção de anomalias em fluxos de dados

Os métodos descritos nesta subsecção podem detetar anomalias em fluxos de dados. O método LOF incremental é capaz de lidar com dados que chegam continuamente, mas pode ser confrontado com uma explosão de requisitos de espaço. Além disso, o método LOF incremental não é capaz de detetar automaticamente anomalias em subespaços. Além disso, os métodos de deteção de anomalias para redes de sensores não conseguem encontrar anomalias projectadas. Ao contrário dos métodos de agrupamento, que só são adequados para bases de dados estáticas, o BIRCH*, o STREAM e o CluStream vão mais longe e são capazes de processar os dados que entram continuamente de forma incremental. No entanto, foram concebidos para utilizar todas as características dos dados na deteção de valores anómalos e é difícil detetar valores anómalos projectados.

2.5 Resumo

Esta secção apresenta uma panorâmica dos métodos existentes mais importantes para a deteção de anomalias pontuais em conjuntos de dados vectoriais. Discutimos tanto os métodos convencionais de deteção de outliers, que são principalmente adequados para bases de dados estáticas de dimensão relativamente baixa, como os métodos mais recentes que podem lidar com outliers projectados de dimensão elevada ou aplicações de fluxos de dados. Para dar uma visão global destes métodos, apresentamos um resumo no Quadro 6. Nesta tabela, avaliamos cada método com base em dois critérios, nomeadamente se consegue detetar anomalias projectadas num espaço de dados de elevada dimensão e se consegue lidar com fluxos de dados. As marcas e cruzes na tabela indicam se o respetivo método preenche ou não os critérios de avaliação. Este quadro mostra que os métodos convencionais de deteção de valores atípicos não conseguem detetar valores atípicos projectados incorporados em diferentes subespaços; apenas detectam valores atípicos em todo o espaço de dados ou num subespaço específico. Destes métodos que podem detetar outliers projectados, apenas o HPStream pode cumprir ambos os critérios. No entanto, uma vez que se trata de um método de agrupamento, o HP-Stream não pode fornecer um apoio satisfatório para a deteção de anomalias projectadas a partir de fluxos de dados de elevada dimensão, tal como discutido em pormenor na subsecção 2.2.4. Por conseguinte, procura-se uma nova técnica que seja capaz de detetar outliers projectados a partir de fluxos de dados de elevada dimensão.

3 Termos e definições

Nesta secção, abordaremos os conceitos e definições básicos utilizados na nossa técnica. Em primeiro lugar, introduzimos o modelo temporal utilizado para distinguir os dados em diferentes horizontes temporais. Em seguida, propõe-se a sinopse de dados para capturar de forma compacta informações estatísticas suficientes para a deteção de valores atípicos. A definição de outliers projectados em subespaços para fluxos de dados de elevada dimensão é também apresentada. Finalmente, é discutido em pormenor o modo como a sinopse de dados pode ser eficientemente calculada e mantida para satisfazer os requisitos das aplicações de fluxos de dados.

Categoria	Método	Excedentes no subespaço de	Fluxo de dados
Métodos de deteção estatística	Modelos Gaussianos	X	X
	Modelos de regressão	X	V
	Histogramas	X	V
	Funções do núcleo	X	V
Métodos baseados na distância	DB(k, A) anómalos	X	X
	$_{m;n}$DB(pct, d)-outlier	X	X
	K''' Método NN	X	X
	thMétodo de soma K NN	X	X
	Grelha ODF	X	X
Métodos baseados na densidade	LOF	X	X
	COF	X	X
	INFLO	X	X
	MDEF	X	X
	LOF incremental	X	V
Métodos baseados em clustering	PAM/CLARA	X	X
	/c-means	X	X
	CLARANS	X	X
	Agrupamento MST	X	X
	BIRCHES	X	V
	CURA	X	X
	CAMELÃO	X	X
	DBSCAN	X	X
	DENCLUE	X	X
	STING	X	V
	WaveCluster	X	V
	DCLUST	X	V
	STREAM	X	V
	BIRK*	X	V
	CluStream	X	V
Métodos de deteção de outlier High-D	Método do coeficiente esparso	V	X
	Método baseado em exemplos	V	X
	AltoDoD	V	X

	Método SOF	V	X
Métodos baseados em	CLIQUE	V	X
clustering high-D	HPStream	V	V

Figura 6: Resumo dos métodos de deteção de outlier mais importantes existentes

$$weight(p_i) = df(T - T_i) = e^{-\frac{a(T-T_i)}{t}}$$

$$\forall p_i \in W, T - T_i \leq \omega \text{ or } N - N_i \leq \omega$$

3.1 Modelo temporal e função de decaimento

No SPOT, usamos um novo modelo temporal baseado em janelas, o chamado modelo (ш,є), para distinguir entre dados que chegam em momentos diferentes no fluxo de dados. Em contraste com o modelo convencional baseado em janelas, o modelo (ш,є) não precisa de seguir todos os dados detalhados na janela. Além disso, o modelo *(ш,є)* só precisa de manter o último instantâneo em vez de armazenar um grande número de instantâneos históricos da sinopse de dados como nos modelos de tempo inclinado.

O conceito de janela deslizante é utilizado no modelo (*ш*, є). ᵢᵢᵢO parâmetro *ш* é a dimensão da janela que representa a diferença de tempo (ou o comprimento do fluxo de dados, se não existirem marcas temporais) entre o primeiro e o último dados na janela deslizante *W*, em que *T* e *T* denotam a hora atual e a hora de chegada de *p* e *N* e *N* correspondem ao comprimento atual do fluxo de dados e ao comprimento à chegada *de p* . Por exemplo, *ш* pode ser definido como *ш* = 10 minutos ou *ш* = 1000 dados, o que significa que só estamos interessados nos dados que chegaram há menos de 10 minutos ou nos últimos 1000 dados que chegaram. Por uma questão de simplicidade, definimos ш com base na dimensão do tempo no lembrete deste livro.

No modelo (*ш*, є), é atribuído a cada data da janela um peso que indica a sua importância ou influência na sinopse de dados no momento atual. Utilizamos uma *função de decaimento exponencial* para calcular os pesos para as diferentes datas. É uma função do tempo decorrido entre a hora atual e a hora de chegada dos dados. ᵢᵢAssumindo que *p* chegou no momento *T* e que o momento atual é *T* , então a ponderação de p_i é calculada da seguinte forma, em que *a* é o coeficiente de decaimento utilizado para ajustar a taxa de decaimento ponderado e *t* é a unidade fundamental de tempo utilizada para escalar o tempo decorrido na função de decaimento.

A definição do modelo (*ш*, є) é a seguinte.

Definição 3.1 Modelo ($ш$, ϵ): Para os pontos que escaparam da janela atual W (com um tamanho de ш), a soma dos seus pesos não excederá ϵ. Formalmente: *yh weight*(p_i) < ϵ, em que T - T_i > ш, T é a hora atual e T_i é a hora de chegada do ponto p_i. O modelo ($ш$, ϵ) é uma aproximação do modelo convencional baseado em janelas com uma dimensão de janela $ш$ e um fator de aproximação ϵ.

No SPOT, tiramos partido da flexibilidade oferecida pela função de decaimento para implementar o modelo ($ш$, ϵ) sem manter dados detalhados na janela deslizante. A ideia básica é definir o coeficiente de decaimento *a de* forma a que a influência dos dados que saíram da janela seja negligenciável. Analisamos a especificação do coeficiente de decaimento *a* no Lema 3.1.

Lema 3.1 Seja T_{min} o intervalo mínimo do tempo de chegada de dois dados consecutivos no fluxo de dados. "Se, em qualquer instante *T*, o coeficiente de decaimento *a* for fixado de modo a que *e* т (*e* ' - 1) > ı, então P_i *weight*(p_i) < ϵ, em que T - T_i > ш. Prova. Suponha-se que os dados que saíram da janela atual começam

O lema 3.1 sugere que, ao escolher um coeficiente de decaimento adequado *a*

from the more recent ones, are $p_1, p_2, p_3, \cdots$. Since for any data p_i, we have $weight(p_i) \leq e^{-\alpha\frac{\omega+i\cdot T_{min}}{t}}$, thus $\sum_i weight(p_i)$ can be bounded as follows:

$$\sum_i weight(p_i) \leq e^{-\alpha\frac{\omega+T_{min}}{t}} + e^{-\alpha\frac{\omega+2T_{min}}{t}} + e^{-\alpha\frac{\omega+3T_{min}}{t}} + \cdots \quad (1)$$

Since $e^{-\alpha\frac{\omega+T_{min}}{t}} + e^{-\alpha\frac{\omega+2T_{min}}{t}} + e^{-\alpha\frac{\omega+3T_{min}}{t}} + \cdots$ is the sum of an infinite decreasing geometric series, thus Eq. (1) can be simplified as

$$\sum_i weight(p_i) \leq \frac{e^{-\alpha\frac{\omega+T_{min}}{t}}}{1 - e^{-\alpha\frac{T_{min}}{t}}}$$

In order to satisfy $\sum_i weight(p_i) \leq \epsilon$, we need to have $\frac{e^{-\alpha\frac{\omega+T_{min}}{t}}}{1-e^{-\alpha\frac{T_{min}}{t}}} \leq \epsilon$. By simplifying this, we can get $e^{\alpha\frac{\omega}{t}}(e^{\alpha\frac{T_{min}}{t}} - 1) \geq \frac{1}{\epsilon}$, as required. **(End of proof)**

"(não inferior a a^*, em que a^* é a raiz da equação *e* У(*e* " - 1) = *ı*), podemos implementar um modelo temporal baseado em janelas sem manter um rasto dos dados na janela ou sem manter múltiplos instantâneos da sinopse dos dados. Isto contribui para um melhor desempenho computacional e espacial.

Utilizando a função de decaimento, a sinopse de dados no tempo *T* pode ser recursivamente definida pelo último instantâneo da sinopse de dados que foi criada no tempo *T*, *T* < T_0, como

$$^{0}{}_{MT0} = df(T - T)_{MT} + _{pT0}$$

^{0}em que o termo aditivo $_{pT}$ representa o resumo dos dados que chegam no momento T.

Existem também outros tipos de funções de decaimento, como as funções de decaimento linear, mas os resultados obtidos com a função de decaimento exponencial não podem ser generalizados para a função de decaimento linear. Em comparação com uma função de decaimento exponencial, uma função de decaimento linear tende a ter uma taxa de decaimento mais lenta, e a soma agregada dos pesos dos dados que escaparam da janela deslizante não é limitada por um limite superior, o que viola a definição do nosso modelo temporal (ω, ϵ).

$_{min}$Note que no modelo de tempo (ω, ϵ), assumimos que existe um intervalo mínimo de tempo de chegada para dois dados consecutivos no fluxo de dados, rotulado T. Se vários dados chegarem ao mesmo tempo, o SPOT continuará a processá-los um após o outro. Por conseguinte, o pressuposto de um intervalo de tempo mínimo entre dois dados consecutivos continua a aplicar-se.

Uma função de decaimento semelhante foi utilizada em [8][9]. No entanto, não utiliza o fator de escala t, e o fator de decaimento a não é explicitamente ajustado para a implementação do modelo baseado em janelas.

3.2 Sinopse dos dados

Tal como acontece com muitas outras tarefas de extração de dados na área da análise de fluxos de dados, por exemplo, agrupamento e deteção de elementos frequentes, um dos principais problemas é criar uma sinopse adequada sobre os fluxos de dados que seja adequada para a deteção de anomalias. No nosso trabalho, utilizamos o *resumo da célula base* (BCS) e o resumo *projetado*

Resumo de Células (PCS), duas estruturas compactas capazes de captar as principais características subjacentes do fluxo de dados para detetar anomalias projectadas.

A quantificação de BCS e PCS requer uma partição de igual largura do espaço do domínio, em que cada atributo é dividido em alguns subconjuntos ou intervalos disjuntos. Especificamente, seja D um conjunto de objectos de dados de fluxo contínuo *y-dimensionais*. Para cada atributo, o espaço é dividido num conjunto de intervalos não sobrepostos. Todos os intervalos em cada uma destas dimensões têm o mesmo comprimento. As células do hipercubo podem ser divididas em duas categorias: células de base e células projectadas. Uma *célula de base* é uma célula do hipercubo com a granularidade mais fina. A dimensionalidade (ou *seja,* o número de atributos) das células de base é igual a y. Uma *célula projectada* é uma célula num dado subespaço s que é uma projeção de um número de células básicas do espaço de dados completo em *s*. A dimensionalidade de uma célula projectada é igual a $|s|$ e $|s| < y$, onde $|s|$ denota o número de atributos em *s*. Um exemplo simples: Se cada dimensão de um espaço de dados tridimensional for dividida em três intervalos, existem 27 células básicas, mas apenas 9 células projectadas em todos os subespaços bidimensionais e 3 células projectadas em todos os subespaços unidimensionais.

Propriedade 2: Capacidade de manutenção incremental da BCS: Partindo do princípio de que o último instantâneo da BCS de *c* é obtido no momento *T*, podemos atualizar a BCS de *c do* seguinte modo quando um novo ponto de dados *p* chega a *c* no momento *T0 (T < T0):*

$$BCS(c,s)^{T'} = df(T'-T)BCS(c,s)^{T} + [1, \vec{p}, \vec{p^2}]$$

Definição 3.3 Resumo da célula projectada (PCS): O resumo da célula projectada de uma célula *c* num subespaço *s* é um tripleto escalar definido como *PCS*(*c, s*) = (*RD, IRSD, IkRD*), em que *RD*, *IRSD* e *IkRD* são a densidade relativa, o desvio-padrão relativo inverso e a distância *k-relativa* inversa dos pontos de dados em *c* em relação a *s*, respetivamente.

RD, *IRSD* e *IkRD* são três medidas eficazes para visualizar a dispersão global dos dados de cada célula projectada a partir de diferentes perspectivas. São utilizadas em conjunto no SPOT para obter uma boa medida da dispersão dos dados. Todas elas são definidas como medidas de rácio para obter significância estatística na medição e para facilitar a definição de limiares de outlier. Podem ser calculadas e actualizadas de forma incremental, pelo que são adequadas para aplicações de fluxo de dados. A seguir, explicamos estes três componentes do PCS com mais pormenor.

1.1.1 Densidade relativa (DR)

A densidade relativa de uma célula *c* no subespaço *s* mede a densidade relativa de *c* em comparação com o nível esperado de densidade das células não vazias em *s*. Se a densidade de c for significativamente inferior ao nível médio de densidade das células no mesmo subespaço, os dados em *c* podem ser rotulados como outlier. É definido como *RD* (*c, s*) = ED }, em que *D* e *E*(D_s) representam a densidade (ou *seja,* o número de pontos) em *c* e a densidade esperada de todas as células em *s, respetivamente. Uma* vez que *E*(D_s) = ^j-. em que *N* corresponde ao comprimento efetivo da corrente (o número decrescente de pontos de dados numa janela deslizante num momento específico), ou seja

Desvio-padrão relativo invertido (IRSD)

O desvio-padrão relativo inverso de uma célula c no subespaço s é definido como

O recíproco do rácio entre o desvio-padrão de c em s e o nível esperado do desvio-padrão

das células não vazias em s. Se os dados numa célula com densidade fixa tiverem um desvio-padrão notavelmente elevado, os dados na célula são geralmente distribuídos de forma mais esparsa e a taxa total de anomalias
dos dados nesta célula é elevado.
A IRSD(c, s) é calculada como IRSD(c, s) =

$$RD(c,s) = \frac{D_c \cdot \delta^{|s|}}{N_\omega} \qquad (2)$$

"c
E (Qs)
-1
em que ac é o
Desvio-padrão de c e E(as) representa o desvio-padrão esperado
de células no subespaço s. Uma vez que ac é maior do que 0 mas não excede o comprimento da diagonal mais longa da célula no subespaço s, que é Vjs|/, em que l é o comprimento do lado de cada intervalo da célula, E(as) pode ser estimado como E(as) = °+25^ = 3^pЙ. A IRSD pode, por conseguinte, ser expressa da seguinte forma
Observações: Note-se que |s| aparece na definição matemática tanto de RD como de IRSD. Serve como fator de normalização para colocar os conjuntos de RDs (e IRSDs) em diferentes subespaços numa ordem de grandeza comparável. (Fim das notas)
Distância k-relativa inversa (IkRD)
A distância relativa k inversa para uma célula c num subespaço s é o recíproco do rácio da distância entre o centro de gravidade de c e os seus pontos representativos mais próximos

$$IRSD(c,s) = \frac{\sqrt{|s|}l}{2\sigma_c} \qquad (3)$$

em s contra o valor médio de tal distância em s para todas as células não vazias. Um valor IkRD elevado de c indica que c está visivelmente afastado das regiões densas dos dados em s, pelo que a discrepância dos dados em c é elevada. O conceito de pontos representativos é discutido na subsecção 3.4.4.
Para um dado parâmetro k, o IkRD de uma célula projectada c é definido no subespaço s como
em que k d/st (c, s) é a soma das distâncias entre o centro de gravidade de c e os seus k pontos representativos mais próximos em s, ou seja
kNN (c, s) é o conjunto que contém os k pontos representativos mais próximos de c em s.

average-k^dist(ci,s) é o nível médio de kudist(ci,s) para todas as células não vazias em s, que é calculado do seguinte modo

Definição de outliers projectados

Baseamos a nossa decisão sobre a propriedade de outlier dos pontos de dados na escassez de dados das células a que pertencem e na distância entre eles e os pontos representativos no subespaço. Especificamente, um ponto de dados num subespaço é considerado um outlier se o seu valor RD, IRSD ou IkRD for invulgarmente inferior ao valor médio/esperado. A célula outlier de um ponto é definida da seguinte forma.

Observações: Note-se que, no SPOT, o inverso de IRSD e IkRD, e não RSD e kRD, é utilizado para converter o problema da procura de subespaços aberrantes num problema de minimização. Um PCS pequeno (contendo RD, IRSD e IkRD) indica um elevado grau de dados aberrantes de c para s e vice-versa. (fim das observações)

$$IkRD(c,s,k) = \left[\frac{k\_dist(c,s)}{average\_k\_dist(c_i,s)}\right]^{-1}$$

$$k\_dist(c,s) = \sum dist(centroid(c), r_i, s), r_i \in kNN(c,s)$$

$$average\_k\_dist(c_i,s) = \frac{\sum k\_dist(c_i,s)}{|c_i|}. c_i \in s$$

Definição 3.4 Célula remota: Uma célula *c* no subespaço *s* é designada por célula remota de um ponto *p* em *s se* uma ou mais componentes de *PCS*(*c, s*) (ou *seja,* RD, IRSD ou IkRD) excederem os seus limiares correspondentes, estando *p localizado* em *c.*

Como sabemos, cada ponto em movimento só pode ser mapeado numa única célula do hipercubo, pelo que existe no máximo uma célula remota de um ponto em cada subespaço, se existir. Com base no conceito de célula remota de um ponto, podemos definir o subespaço remoto de um ponto.

Definição 3.5 Subespaço de outlier: Um subespaço de falha *s* de um ponto *p* é um subespaço em que *p* é um outlier numa determinada célula de *s. Por* outras palavras: um subespaço falhado *s* de *p* é um subespaço que contém a célula falhada de *p.*

Finalmente, podemos definir formalmente o conceito de outliers projectados com base no conceito de subespaços de outliers.

Definição 3.6 Excedentes projectados: Um ponto de dados *p é considerado um* excedente projetado se existir *pelo menos* um subespaço excedente *s* de *p.*

Os outliers projectados são entidades importantes porque os outliers que existem num espaço de elevada dimensão são outliers projectados. Mostram um comportamento ou padrão anormal num subconjunto de atributos de dados. O objetivo do SPOT é filtrar os outliers projectados dos pontos de dados que entram continuamente. Salvo indicação em contrário, os outliers tratados no SPOT referem-se a outliers projectados.

3.3 Cálculo do PCS de uma célula projectada

Nesta subsecção, discutimos em pormenor como quantificar o PCS de uma célula projectada no hipercubo. Uma propriedade promissora do PCS é que, depois de calcular o BCS de todas as células de base nos hipercubos, o PCS de qualquer célula projectada pode ser calculado de forma eficiente, agregando apenas o BCS das suas células de base sem fazer referência a pontos de dados detalhados. Isto garante que só é necessário um único exame do fluxo de dados para calcular o PCS. 12sDefinição 3.7 Conjunto de células de base de uma célula projectada: Seja *c* uma célula projectada no *subespaço s* com o conjunto de atributos [*a* , *a* , . . . , *a*| |]. 12sOs números de índice intervalares dos atributos |*s*| de *c* podem ser representados por [*I* , *I* , ... , *I*| |]. Da mesma forma, os

$$D_c \quad \sum_i D_{c'_i}, \text{ where } c'_i \text{ is in Base\_Cell\_Set}(c) \qquad (4)$$

O conjunto de atributos e o índice do intervalo de atributos correspondente de uma célula de base podem ser representados por [*a'1, a'2,..., a'^*] e [*I[,122,... ,1'^*], respetivamente. O conjunto de células de base de *c*, designado por *Base_Cell_Set*(*c*), pode ser representado da seguinte forma

BaseJCellSet(*c*) = *{c,* em que |*c'*| = *p* e *\Ii = Ij*| = |*s*|*},* 1 < *i* < |*s*|, 1 < *j* < *p*

ij'|*I* = *I* | = |*s*| significa que o número de atributos cujo número de índice é idêntico entre *c* e *c* é igual a |*s*|. A razão para esta definição é o facto de existirem exatamente |*s*| atributos entre uma célula de projeto e qualquer uma das suas células de base que teriam o mesmo número de índice.

Os principais componentes que têm de ser determinados para RD, IRSD, IkRD de PCS de uma célula projectada *c* são a densidade (*Dc*), a média (*pc*) e o desvio padrão (*ac)* dos pontos de dados em *c* e os pontos representativos num dado subespaço *s*. Em seguida, analisaremos a forma como *Dc*, *pc*, *ac* e os pontos representativos podem ser determinados graças à propriedade de aditividade do BCS.

3.4.1Cálculo da densidade de uma célula projectada D_c

Seja *c* uma célula projectada no subespaço *s*. A densidade de *c* pode ser calculada da seguinte forma:

3.4.2 Calcular o valor médio de uma célula projectada p_c

Seja *c* uma célula projectada no subespaço *s* que contém *m* pontos. O valor médio de *c* é calculado da seguinte forma:

$$\vec{\mu_c} = \frac{\sum_{i=1}^{m} \vec{p_i}}{m} = \frac{1}{m}[\sum_{i}^{m} p_i(1), \sum_{i}^{m} p_i(2), \ldots, \sum_{i}^{m} p_i(|s|)] \quad (5)$$

'As densidades das células de base de *c* são pré-calculadas para que D_c possa ser calculado de forma eficiente.

em que p_i é a representação vetorial do *i-ésimo* ponto de dados em *c* (1 < *i* < *m*) e $p_i(j)$ é o *j-ésimo* atributo do ponto p_i (1 < *j* < *p*). Cada elemento

pmp'Pi(j) pode ser calculado como *YmPi(j) = P02 (P0(j),* em que *p'* está contido em Base_Cell_Set(c). °Uma vez que *}[p P (j)* está disponível no BCS das células de base de c, *p* pode, portanto, ser calculado diretamente pelo BCS das células de base de *c*.

3.4.3Cálculo do desvio padrão de uma célula projectada σ_c

²O estimador não enviesado do desvio-padrão de *m* pontos de dados em *c* tem um grau de liberdade de *m* - 1, em que *Dist(pi, pc) é* a distância entre o ponto p_i e p_c, e *Dist(pi, pc)* pode ser calculado como o BCS das células base de *c, de* modo que, tal como a média dos pontos em *c*, o seu desvio-padrão também pode ser calculado diretamente pelo BCS das suas células base.

3.4.4Gerar pontos de dados representativos num subespaço

$$Dist(p_i, \mu_c)^2 \quad \sum_{j=1}^{s} |p_i(j)^2 - 2p_i(j)\mu_c(j) + \mu_c(j)^2| \quad (7)$$

Plug Eq. (7) into Eq. (6), we can get

$$\sigma_c \quad \sqrt{\frac{\sum_{j}^{|s|} {}_1 |\sum_{i}^{m} {}_1 p_i(j)^2 - 2\mu_c(j) \sum_{i}^{m} {}_1 p_i(j) + m\mu_c(j)^2|}{m-1}} \quad (8)$$

where $\sum_i^m p_i(j) \quad \sum_{p'} p'(j)$, $\sum_i^m p_i(j)^2 \quad \sum_{p'} p'(j)^2$. p' is a data located in *Base_Cell_Set(c)*. Because both $\sum_{p'} p'(j)$ and $\sum_{p'} p'(j)^2$ are available in

Os pontos representativos de um subespaço devem ser gerados para calcular *I kRD* das células desse subespaço. Estes pontos representativos são seleccionados a partir dos centros das células não vazias do subespaço. Este conjunto de células seleccionadas é designado por *células de cobertura.* Uma regra geral para selecionar células de cobertura num subespaço *s* *consiste em* selecionar um certo número de células mais povoadas em *s*, de modo a que estas cubram a maioria dos dados em *s*. $_{cell}$Em seguida, a partir da(s) célula(s) mais povoada(s), são seleccionadas células $_{NCoverage\_}(s)$ de modo a que

$$\sigma_c = \sqrt{\frac{\sum_{i=1}^{m} Dist(p_i, \mu_c)^2}{m-1}} \qquad (6)$$

Para calcular o IkRD de um subespaço, é necessário manter as duas propriedades seguintes durante o processo dos fluxos de dados:

-Centro de gravidade/valor médio de todas as células colonizadas neste subespaço;

-*A* distância média entre o centróide de uma célula e os *k* pontos representativos mais próximos para células povoadas neste subespaço.

Com base nas discussões das subsecções 3.4.1 e 3.4.2, sabemos que estas duas informações podem ser facilmente obtidas a partir da BCS. Note-se que os dados iniciais representativos dos diferentes subespaços são obtidos offline antes de se efetuar a deteção de anomalias, pelo que não estão sujeitos aos requisitos de verificação de uma só passagem e de tempo crítico das aplicações de fluxo de dados.

3.5 Manutenção do PCS de uma célula projectada

Para além de calcular os PCSs das células projectadas, outra questão importante é como calcular os

$_{cellcellcel}$a cobertura destas células *NCoverage_* (*s*) não é inferior a q ($0 < q < 1$) do total de dados em *s*, em que *NCoverage_* (*s*) é o número de células de cobertura a selecionar e *q é* a *cobertura* que se espera que seja próxima de 1, como 0,9 ou 0,95.
atualizar eficazmente estas sinopses na fase de reconhecimento para satisfazer os requisitos das aplicações de fluxo de dados. A abordagem ingénua para tal consiste em atualizar primeiro o BCS das células de base quando chegam novos dados e, em seguida, projetar as células de base de todo o espaço de alcance em diferentes subespaços para atualizar o seu PCS. No entanto, esta abordagem é dispendiosa, uma vez que podem ser necessárias até $_{5^\wedge\text{-}u}$agregações.

Além disso, o PCS das células projectadas tem de ser atualizado desta forma sempre que um novo ponto chega a essa célula, pelo que são necessárias operações de agregação frequentes, o que torna esta abordagem ingénua

$$N_{Coverage\_cell}(s) = t. \ where \sum_{i=1}^{t-1} density(c_i) \leq qN_\omega \leq \sum_{i=1}^{t} density(c_i)$$

é bastante dispendioso. Para conseguir uma manutenção eficiente do PCS, vamos demonstrar a propriedade incremental do PCS nesta subsecção. Uma vez calculado o PCS, este pode ser atualizado de forma incremental quando chegarem os próximos dados. Isto permite uma manutenção eficiente do PCS sem ter de recorrer ao BCS das células de base. Isto pode ajudar a eliminar a necessidade de agregar o BCS para atualizar o PCS, resultando em poupanças significativas nos cálculos.

3.5.1 Atualização do RD do PCS

Assumindo que o último instantâneo do PCS de uma célula *c* é criado no tempo *T* com um comprimento de fluxo efetivo *N*, podemos atualizar incrementalmente o RD no PCS de *c da seguinte forma quando* um novo ponto de dados chega a *c* no tempo *T* com um comprimento de fluxo efetivo N'_ω:

A equação (10) mostra que, para a manutenção incremental do PCS de cada célula preenchida no subespaço, apenas o comprimento efetivo da corrente *N* deve ser adicionalmente mantido se o PCS dessa célula tiver sido atualizado pela última vez.

Antes de analisarmos a atualização da IRSD no PCS, temos de introduzir o seguinte lema.

Lema 3.2 Se a densidade de uma célula projectada aumenta, a média desta célula converge. Matematicamente, seja a densidade desta célula projectada *m*, dado *e*, *3n* > 0, se *m* > *n*, então temos

$$RD(c,s)^{T'} \quad \frac{|df(T'-T)\frac{RD(c,s)^{T}\cdot N_\omega}{\delta^{|s|}} + 1| \cdot \delta^{|s|}}{N'_\omega} \tag{9}$$

where $\frac{RD(c,s)^{T}\cdot N_\omega}{\delta^{|s|}}$ is the density of c at time T and $df(T'-T)\frac{RD(c,s)^{T}\cdot N_\omega}{\delta^{|s|}} + 1$ is thus the new density of c at time T'. After simplifying Eq. (9), we can get

$$RD(c,s)^{T'} \quad df(T'-T)\frac{N_\omega}{N'_\omega}RD(c,s)^{T} + \frac{\delta^{|s|}}{N'_\omega} \tag{10}$$

$$\frac{Dist(\mu_c^{m+1}, \mu_c^{m})}{\sqrt{|s|}L} \leq \epsilon$$

em que é um pequeno número real positivo.

Prova: Seja *pm o* valor médio da célula *c* quando contém *m,* e seja **pm+1** o novo valor médio desta célula quando é acrescentado um novo ponto. *c* *mth*A distância entre *pm* e **pm+1** é calculada do seguinte modo: *p (i)* é a dimensão *i* do valor médio dos *m* pontos de dados na célula *c*.

¹⁽Dado que **pm+1**(*i*) = ~~me (im+pm+ i)~~, **pm+1**(*i*) é a *i-ésima* dimensão do (*m* +1)*-ésimo* ponto

em *c*, ou seja, como se pede. (Fim da prova)

O Lema 3.2 mostra que, quando a densidade de *c* se torna grande, a média *p* de *c* estabiliza-se assintoticamente. Isto permite-nos considerar a média da célula como fixa quando actualizamos o PCS das células. Este lema é muito útil para efetuar a atualização do RSD de *c* de forma incremental.

$$Dist(\mu_c^{m+1}, \mu_c^m) \quad \sqrt{\sum_{i-1}^{|s|}(\mu_c^{m+1}(i) - \mu_c^m(i))^2}$$

$$(\mu_c^{m+1}(i) - \mu_c^m(i))^2 = (\frac{m\mu_c^m(i) + p_{m+1}(i)}{m+1} - \mu_c^m(i))^2$$

$$= \frac{(p_{m+1}(i) - \mu_c^m(i))^2}{(m+1)^2}$$

Since $0 \leq (p_{m+1}(i) - \mu_c^m(i))^2 \leq L^2$, thus $(\mu_c^{m+1}(i) - \mu_c^m(i))^2 \leq \frac{L^2}{(m+1)^2}$. We then have

$$Dist(\mu_c^{m+1}, \mu_c^m) \leq \frac{\sqrt{\sqrt{|s|} \cdot \frac{L^2}{(m+1)^2}}}{\sqrt{|s|}L} = \frac{1}{m+1}$$

Since $\frac{1}{m+1}$ converges to 0 when $m \to +\infty$, thus $\exists n > 0$, when $m \geq n$, we will have

$$\frac{Dist(\mu_c^{m+1}, \mu_c^m)}{\sqrt{|s|}L} \leq \epsilon$$

3.5.2 Atualização da IRSD do PCS

*rr*Suponhamos que a densidade da célula *c* é *m* e que *IRSD* (*c, s*) é a IRSD da célula *c* no subespaço *s* no momento *T* , que pode ser calculada com base na definição de *IRSD*(*c, s*) do seguinte modo

+1c2+1cNote-se que, para calcular *Dist(pm ,* ^ *)* na Eq. (14), é necessário primeiro atualizar o valor médio dos pontos em *c* e depois calcular a distância entre *pm* e o novo valor médio ^.

3.5.3 Atualizar pontos representativos num subespaço

Uma tarefa crucial para garantir uma atualização rápida do IkRD é manter de forma eficiente o conjunto de células de cobertura em cada subespaço do SST quando os dados em

$$IRSD(c,s)^T = \frac{\sqrt{|s|}l}{2\sigma(c)} = \frac{\sqrt{|s|}l}{2}\sqrt{\frac{m-1}{\sum_{i=1}^{m} Dist(p_i,\mu_c)^2}} \tag{11}$$

where p_i is located in c. Based on Eq. (11), we can get

$$\sum_{i=1}^{m} Dist(p_i,\mu_c)^2 = \frac{|s|l^2(m-1)}{4(IRSD(c,s)^T)^2} \tag{12}$$

The $IRSD(c,s)$ after the $(m+1)^{th}$ point is assigned into c at time T' ($T \leq T'$) is computed as

$$IRSD(c,s)^{T'} = \frac{\sqrt{|s|}l}{2}\sqrt{\frac{df(T'-T)(m-1)+1}{df(T'-T)\sum_{i=1}^{m} Dist(pi,\mu'_c)^2 + Dist(p_{m+1},\mu'_c)^2}} \tag{13}$$

where μ'_c denotes the *new* mean of points in c when the $(m+1)^{th}$ point is inserted into c. Based on the Lemma 3.2, we can approximate $IRSD(c,s)^{T'}$ by plugging Eq. (12) into Eq. (13) as

$$IRSD(c,s)^{T'} = \sqrt{\frac{(df(T'-T)(m-1)+1)sl^2(IRSD(c,s)^T)^2}{df(T'-T)sl^2(m-1)+4(IRSD(c,s)^T)^2 Dist(p_{m+1},\mu'_c)^2}} \tag{14}$$

176

o fluxo. Uma forma nativa seria reordenar todas as células preenchidas no subespaço e selecionar um certo número de células de topo como novas células de cobertura nesse subespaço. No entanto, este método é dispendioso, uma vez que a ordenação foi efectuada em cada subespaço para todos os dados de entrada e o número de células preenchidas em alguns subespaços pode ser elevado.

Uma melhor forma de manter o conjunto de células de cobertura é reduzir ao máximo o número de ordenações das células povoadas; não é necessária uma ordenação sempre que chegam novos dados. A lógica subjacente é que, na maioria dos casos, uma pequena quantidade de dados recém-chegados não altera significativamente a distribuição global da densidade dos dados no subespaço e, portanto, não afecta o conjunto de células de cobertura. Se pudermos ter a certeza deste facto, a triagem não é, portanto, necessária por enquanto. Para tal, desenvolvemos as seguintes heurísticas para minimizar o número de reordenações das células projectadas:

1. Se os novos dados caírem numa das células de cobertura de um subespaço, o conjunto

atual de células de cobertura nesse subespaço não precisa de ser atualizado. A prova desta heurística pode ser encontrada no Lema 3.3;

2. $_{min}$Tanto a cobertura total como a densidade mínima do atual conjunto de células de cobertura em cada subespaço *s E SST são* mantidas, denotadas por *Cov* e *Den* , respetivamente. $^{o}I^{o}_{minmin}$Quando novos dados caem numa célula de não cobertura *c* em *s*, o conjunto atual de células de cobertura em *s* não precisa de ser atualizado se *Cov'* > *q* e *den*(*C*) < $_{Denmin,}$ em que *Cov* e *Den* correspondem ao *Cov* e *Den* decaídos após o processamento dos novos dados, respetivamente, e *q* denota o rácio de cobertura necessário para as células de cobertura. $''_{min}$Tanto *Cov* como *Den* podem ser actualizados de forma eficiente.

A razão pela qual o conjunto atual de células de cobertura não precisa de ser atualizado nos dois casos acima referidos é que as células de cobertura actuais continuam a satisfazer os requisitos de cobertura após a chegada dos novos dados e continuam a ser as células com maior densidade no subespaço. Estas duas heurísticas podem contribuir para um aumento significativo da eficiência, uma vez que se espera que a maioria dos dados seja

$$(D(c', s) \times df(.) + 1) + \sum D(c_i, s) \times df(.),\ c' \in CC^m(s), c_i \in CC^m(s)$$

$$\sum D(c_j, s) \times df(.)),\ c_j \notin CC^m(s)$$

$$D(c', s) + \sum D(c_i, s) \geq q(D(c', s) + \sum D(c_i, s) + \sum D(c_j, s))$$

Therefore, we can get

$$D(c', s) \times df(.) + 1 + \sum D(c_i, s) \times df(.) \geq q(D(c', s) \times df(.) + \sum D(c_i, s + \sum D(c_j, s)) \times df(.)) + 1$$

$$> q(D(c', s) \times df(.) + 1 + \sum D(c_i, s) \times df(.) + \sum D(c_j, s) \times df(.))$$

$D(c_j, s) \times df(.) \leq density_{min} \times df(.)$ caem nas células de aquisição. Por exemplo, se as células de aquisição contiverem 95% dos dados numa

^{mth}o que indica que as células em *CC (s)* ainda cumprem os requisitos de cobertura mesmo após a chegada do ponto de dados (*m* + 1).

thAlém disso, após a chegada do ponto de dados (*m* + 1) para cada célula descoberta c_j a probabilidade de as células de cobertura terem de ser actualizadas quando se processam novos dados é muito inferior a 5% na prática quando se utilizam estas duas heurísticas.

^{mth}Lema 3.3: Seja *CC (s)* o conjunto de células de cobertura no subespaço *s* depois de os *m* pontos de dados terem sido processados. $^{thm+1m}$Se o (m + 1) ponto de dados p cair numa célula de cobertura, então CC (s) = CC (s), o que significa que as células de cobertura em s permanecem inalteradas.

^{mth}A prova: A cobertura das células em CC (s) quando chega o ponto de dados (m+1) é

Com base nas necessidades de abastecimento das células de abastecimento, obtêm-se os seguintes resultados

^{0th}em que c é a célula de deteção em que o ponto de dados (m + 1) cai, enquanto c_i são outras células de deteção.

$^{m+1th}$A cobertura das células não cobertas (ou *seja,* as células que não estão incluídas em CC (s)) quando chega o ponto de dados (m + 1) é

o que significa que não existem células que não sejam de abastecimento cuja densidade possa exceder a das células de abastecimento. Por outras palavras, as células de abastecimento actuais continuam a ser as células com a densidade mais elevada em s.

$^{thm+1m}$Da discussão acima, podemos concluir que as células de cobertura em s permanecem inalteradas após a chegada do (m + 1) ponto de dados, ou seja, CC (s) = CC (s). (Fim da prova)

Resumindo, para calcular o IkRD no SPOT, os seguintes passos são executados em cada subespaço s ao processar os dados individuais p no fluxo de dados durante a fase de reconhecimento:

1. Atualizar a densidade da célula a que p pertence;

2. Atualizar a lista de células de registo, se necessário;

3. Atualizar os pontos representativos, se necessário;

4. Calcular IkRD para p.

Note-se que as etapas 2 e 3 são opcionais. A execução da etapa 2 depende do facto de o requisito de cobertura ser ou não cumprido. Se a etapa 2 for executada, ou seja, se a lista de células de cobertura tiver de ser actualizada, a etapa 3 também é executada. Se a etapa 2 não for necessária, o sistema verifica se p se enquadra numa das células de cobertura. Se for esse o caso, o ponto representativo extraído dessa célula de cobertura deve ser atualizado e a etapa 3 é executada; caso contrário, a etapa 3 não é necessária.

Durante o processo de reconhecimento, tanto a *k-dist*(*c, s)* como *a média da k-distância*(c_i, s) são calculadas em tempo real no SPOT. Este facto torna o IkRD adequado para aplicação em fluxos de dados.

3.6 Resumo

A criação de uma sinopse de dados compacta é uma das tarefas centrais das aplicações de fluxo de dados. Nesta secção, apresentamos em pormenor a sinopse de dados que o SPOT utiliza para capturar informações de dados para efeitos de deteção de anomalias. As sinopses de dados são designadas por Resumo da célula de base (BCS) e Resumo da célula projectada (PCS). O BCS capta as informações de dados de cada célula de base preenchida e pode ser utilizado para quantificar eficazmente o PCS graças às suas propriedades aditivas e de auto-manutenção. O PCS contém três medições de dados aberrantes (RD, IRSD e IkRD) e está associado a cada célula projectada não vazia dos subespaços no SST. Uma das características promissoras do PCS é que também pode ser atualizado de forma incremental. Este facto contribui significativamente para a eficiência do SPOT no processamento de fluxos de dados.

4 SPOT: Stream Projected Outlier Detetor

Para resolver o problema desafiante da deteção de outliers projectados em fluxos de dados de elevada dimensão, propomos uma nova técnica, a que chamamos Stream Projected Outlier Detetor (SPOT, abreviadamente). Neste capítulo, discutiremos o SPOT em detalhe, focando a arquitetura do sistema, a fase de aprendizagem e a fase de deteção.

4.1 Uma visão geral do SPOT

A nossa técnica de reconhecimento de outliers em fluxos de dados, SPOT, pode ser dividida em duas fases: a fase de aprendizagem e a fase de reconhecimento. O SPOT também pode suportar dois tipos de aprendizagem, nomeadamente a aprendizagem offline e a aprendizagem online. Na aprendizagem offline, o modelo de subespaço esparso (SST) é criado utilizando dados de formação não rotulados (por *exemplo,* dados históricos disponíveis) e/ou exemplos de anomalias fornecidos por peritos do domínio. O SST é um conjunto de subespaços caracterizado por uma maior densidade de dados/amizade com outliers do que outros subespaços. O SST consiste em três conjuntos de subespaços, *ou seja, subespaços* SST fixos (*FS*), subespaços SST não supervisionados (*US*) e subespaços SST supervisionados (*SS*), sendo *FS* um componente obrigatório do SST, enquanto *US* e *SS* são componentes opcionais. A SST fornece informações sobre o local onde é provável que se encontrem outliers projectados num espaço de elevada dimensão. A SST é criada principalmente de forma não supervisionada, não sendo necessários exemplos rotulados. No entanto, é possível utilizar os exemplos de outliers rotulados para melhorar ainda mais a SST. Por conseguinte, o SPOT é muito flexível e pode ser utilizado em várias aplicações práticas para as quais podem não estar disponíveis exemplos rotulados.

Uma vez construída a SST, o SPOT pode começar a filtrar os outliers projectados a partir dos dados contínuos de entrada na fase de deteção. Os dados de entrada são primeiro utilizados para atualizar os resumos de dados (*ou seja,* o PCS) da célula a que pertencem em cada subespaço da SST. Estes dados são então classificados como anómalos se os valores PCS da célula a que pertencem forem inferiores a alguns limiares pré-determinados. Os outliers reconhecidos são arquivados no chamado repositório de outliers. No final da fase de deteção, são devolvidos aos utilizadores todos ou apenas um determinado número dos valores anómalos mais elevados no repositório de valores anómalos.

Durante a fase de deteção, o SPOT pode efetuar um treino em linha a intervalos regulares. O treinamento online envolve a atualização do SST com novos subespaços esparsos que o SPOT encontra com base nas características dos dados atuais e nos outliers recém-detectados. O treinamento on-line melhora a capacidade do SPOT de se adaptar à dinâmica dos fluxos de dados.

A figura 7 apresenta uma visão geral do sistema SPOT.

4.2 Fase de aprendizagem SPOT

Uma vez que o número de subespaços cresce exponencialmente com a dimensionalidade dos fluxos de dados, a análise de cada ponto de dados em todos os subespaços possíveis torna-se proibitivamente dispendiosa. Assim, para tornar o problema da deteção de outliers projectados gerível, testamos cada ponto alternativamente em apenas alguns subespaços da grelha espacial. No SPOT, avaliamos cada ponto de dados do fluxo de dados nos subespaços contidos no SST.

Salientamos que a deteção de valores atípicos é mais difícil do que encontrar todos os subespaços atípicos. Uma vez assinalado um outlier num ou mais subespaços, é uma tarefa bastante trivial encontrar os outros subespaços outlier aplicando um método de pesquisa adequado, como o Algoritmo Genético Multiobjectivo (MOGA). A rotulagem dos outliers é efectuada em linha, enquanto o

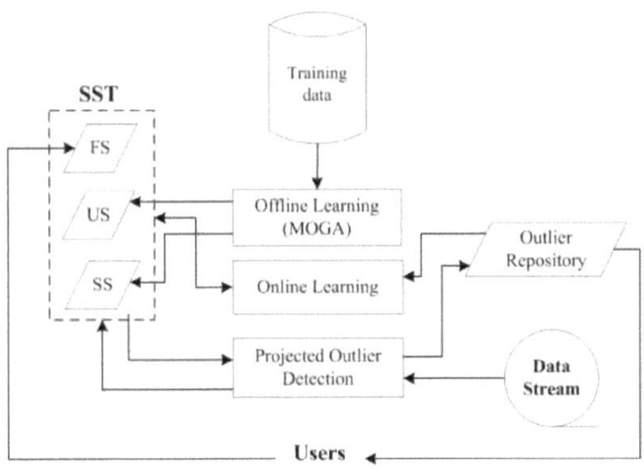

Figura 7: Uma visão geral do SPOT

A pesquisa dos subespaços de desvio dos outliers pode ser efectuada offline. Por conseguinte, não é necessário que a SST contenha *todos os subespaços de outliers* para um determinado outlier projetado. *O problema agora é permitir que a SST contenha um ou mais subespaços de outliers para o maior número possível de outliers projectados nos fluxos de dados.*

No SPOT, o SST consiste em vários grupos de subespaços gerados por diferentes considerações subjacentes. Os diferentes grupos de subespaços complementam-se entre si para capturar os subespaços correctos nos quais os outliers projectados estão escondidos. Isto permite que o SPOT reconheça os outliers projectados de forma mais eficaz. Especificamente, o SST contém os seguintes três grupos de subespaços: Subespaços *SST fixos (FS), subespaços SST não supervisionados (US)* e *subespaços SST supervisionados (SS).* Uma vez que a construção de *FS* não requer um processo de aprendizagem, a principal tarefa da fase de aprendizagem offline é gerar *US* e/ou *SS.* O SST é obtido através do processo de aprendizagem offline utilizando um lote de dados de treino. O SPOT foi concebido principalmente como um método de deteção de anomalias não supervisionado (utilizando *FS* e *US*). No entanto, uma caraterística importante do SPOT é o facto de não só ser capaz de lidar com dados não rotulados, mas também de aprender com exemplos rotulados de anomalias através de *SS.*

É de notar que não esperamos que *US* e/ou *SS cubram* todos os subespaços onde podem ocorrer valores atípicos. Podem ser influenciados pelo número limitado de dados de treino de topo ou pelos exemplos anómalos utilizados para o treino. No entanto, a deteção da maioria dos outliers é realizada por *FS.* O *US* e o *SS* são utilizados apenas para complementar o *FS, a fim de aumentar* a probabilidade de os outliers serem reconhecidos.

- Subsecções fixas de SST (*FS*)

Os subespaços SST fixos (*FS*) contêm todos os subespaços da grelha completa cuja dimensão máxima é *M axDimension*, em que *M axDimension é* um parâmetro especificado pelo utilizador. Por outras palavras: *FS contém* todos os subespaços com as dimensões 1, 2, - - -, *MaxDimension. FS satisfaz* a condição

$$Vs, \text{ temos } |s| < MaxDimension \text{ se e só se } s \; E \; FS$$

- Sub-salas SST não monitorizadas (*US*)

Os subespaços SST não supervisionados (*US*) são criados por um processo de aprendizagem offline não supervisionado. Neste processo de aprendizagem offline, o SPOT utiliza dados de treino não rotulados do fluxo de dados e encontra *automaticamente* o conjunto de subespaços em que pode ser detectado um maior número de anomalias projectadas. Intuitivamente, estes subespaços são os locais onde é mais provável a ocorrência de outliers projectados.

Assumimos que um conjunto de dados históricos está disponível para a aprendizagem não supervisionada no início do SPOT. O conjunto de dados de treino deve caber na memória principal para minimizar a sobrecarga potencial de E/S. O Algoritmo Genético Multi-Objetivo (MOGA) é utilizado para procurar numa grelha espacial subespaços remotos de todos os dados de treino para a construção de *U S*. Para facilitar o cálculo da aptidão no MOGA, é inserido um hipercubo *H* no espaço de dados e todos os dados de treino são analisados e atribuídos a uma (e apenas uma) célula em *H. É calculado o BCS de cada célula ocupada em H.* O BCS de cada célula ocupada em *H* é mantido durante este processo de mapeamento de dados. Depois de todos os dados de treino terem sido mapeados para as células apropriadas, o MOGA pode ser aplicado a todos os dados de treino para encontrar os subespaços que têm um maior número de outliers. Estes subespaços são adicionados a *US*.

Uma vez obtido o *US* inicial, podemos obter subespaços mais úteis para *U S*. Podemos encontrar os subespaços de outliers dos dados de treino que têm o maior grau global de outliers. Os dados de treino seleccionados têm maior probabilidade de serem considerados aberrantes, o que pode ser utilizado para detetar outros aberrantes no fluxo de dados. O grau global de anomalias nos dados de treino é calculado de forma não supervisionada através da análise de agrupamento.

Um problema central na análise de agrupamentos consiste em derivar um método para medir com exatidão as distâncias entre os pontos de dados de treino. Uma vez que a distância entre dois pontos de dados pode variar significativamente em diferentes subespaços, esperamos que a métrica da distância seja capaz de refletir bem a (des)similaridade global divergente dos pontos de dados em diferentes subespaços, especialmente naqueles em que é provável que sejam detectados outliers. Para o efeito, utilizamos uma nova métrica de distância, denominada *Outlying Distance (OD)*, para agrupar os dados de treino. É definida como a distância média entre dois pontos nos subespaços esparsos mais elevados de todos os dados de treino devolvidos pelo MOGA, ou seja, $OD(p_1, p_2) = \sum_{i=1}^{m} d(p_1, p_2, s_i)$, em que *m* é o número de subespaços esparsos mais elevados devolvidos pelo MOGA e s_i é o subespaço *i* neste conjunto.

Utilizamos o *método de agrupamento principal,* também designado por agrupamento de largura fixa em [43], para dividir todos os dados de treino em alguns agrupamentos. O método de agrupamento principal é um método de agrupamento altamente eficiente. Aplica um paradigma incremental para o agrupamento de dados. Cada ponto de dados *p* que ainda não tenha sido agrupado no conjunto de dados é atribuído ao agrupamento *c* de modo a que $OD(p, c) < d_c$ e $\forall c_i \neq C$, $OD(p, C) < OD(p, c_i)$. O centróide de *C* com já *m* pontos é $Cen(C)$ é atualizado do seguinte modo quando *p* é atribuído a um agrupamento: $Cen(C)_{new} = \frac{m}{m+1} Cen(C) + \frac{1}{m+1} p$. Se $\forall c_i$, temos $OD(p, c_i) > d_c$, então um novo cluster é iniciado e *p* torna-se o centróide deste novo cluster. Estes passos são repetidos até todos os pontos de dados do conjunto de dados estarem agrupados.

Devido à sua natureza incremental, o método de agrupamento de chumbo oferece uma escalabilidade linear promissora em termos do número e das dimensões dos dados de treino. No entanto, o resultado é sensível à ordem em que os dados de treino são agrupados. Para resolver este problema, efectuamos o agrupamento principal em várias execuções com diferentes ordens de dados para reduzir a sua sensibilidade à ordem dos dados. A consideração subjacente é que, embora um outlier possa ser atribuído a diferentes clusters em diferentes execuções, a probabilidade de ser atribuído a um pequeno cluster é relativamente elevada. A dimensão média dos clusters a que um ponto pertence fornece, por conseguinte, uma visão útil do seu grau exato de aberração, independentemente da ordem dos dados. nise f p O grau de aberração dos dados de treino *p*, também designado por *fator de aberração (OF),* é definido como *OF* (*p*) = ~~P=1 cluster s i~~), em que clusterizei *(p)* representa a dimensão do cluster a que *p pertence* na i-ésima execução e *n* representa o número de execuções de agrupamento. Os subespaços esparsos dos dados de treino de topo obtidos por MOGA são também adicionados a *US* de SST.

cA especificação de *d* requer alguns testes e ensaios para afinar dc. O parâmetro alternativo de dc no agrupamento de chumbo é o número de agrupamentos a obter, denotado por *k*. *k* é obviamente mais fácil de especificar do que dc. Podem ser utilizados vários valores diferentes e razoáveis de *k*, sob os quais os dados podem ser agrupados e o fator de dispersão dos dados de treino individuais pode ser quantificado.

Resumindo, os subespaços em *US* provêm de dois grupos de subespaços diferentes, mas provavelmente sobrepostos, nomeadamente os subespaços desviantes de todo o conjunto de dados de treino e os subespaços dos principais dados de treino que têm o maior grau global de desvio. Ambos os grupos de subespaços são determinados utilizando MOGA. - Subespaços SST monitorizados (*SS*)

Nalgumas aplicações, um pequeno número de exemplares aberrantes pode ser fornecido por peritos do domínio ou pode estar disponível a partir de um processo de deteção anterior. Estes exemplos anómalos podem ser considerados como portadores de conhecimentos do domínio que são potencialmente úteis para melhorar a SST para uma melhor eficiência de deteção. O MOGA é aplicado a cada um destes exemplos anómalos para encontrar os seus melhores subespaços esparsos. Estes subespaços são designados por Supervised SST Subspaces (*SS*). Com base em *SS,* pode ser efectuada uma deteção de anomalias baseada em exemplos [123], que reconhece eficazmente outras anomalias semelhantes a estes exemplos de anomalias.

Observações: *FS* , *US* e *SS* diferem nos respectivos papéis que desempenham na deteção de outliers no futuro. O *FS* é determinístico e tenta estabelecer uma *base de referência* eficaz para a deteção dos valores atípicos projectados sem realizar um processo de aprendizagem. *FS é* definitivamente capaz de detetar os outliers projectados desde que um dos seus respectivos subespaços de outliers esteja dentro da grelha espacial de dimensão *M. Uma* vez que a dimensão desta grelha espacial aumenta exponencialmente, a *dimensão M ax é* normalmente escolhida para ser bastante pequena, cerca de 3 ou 4. Por conseguinte, a capacidade de deteção de *FS* é limitada. Não pode reconhecer estes outliers projectados se a dimensionalidade de todos os seus subespaços outliers exceder M *axDimension. Em contrapartida, US* e *SS* são aleatórios por natureza e não estão sujeitos à restrição de dimensionalidade. A *US* e *a SS* podem ajudar a detetar mais outliers subsequentes que tenham características semelhantes aos dados de treino de outliers de topo ou aos outliers fornecidos por utilizadores humanos com base nos quais *a US* e *a SS são* construídas. Podem complementar *FS* para detetar outliers projectados cujo subespaço de outliers não se encontra na grelha do espaço *M axDimensional.* (fim das observações)

Com base nos três grupos de subespaços, o SST de todo o conjunto de dados de treino D_T pode ser expresso da seguinte forma

$$SST(D_T) = FS \cup US \cup SS$$

em que os grupos de subespaços individuais podem ser expressos da seguinte forma:

$$FS = \cup_i s_i,\ |s_i| < MaxDimension$$
$$US = TSS(D_t) \cup_j TSS(p_j)$$
$$SS = \cup_t TSS(o_t)$$

$^{th\, th}_{i\ \ t}$em que s representa o subespaço i na grelha completa *M ax-dimensional*, $TSS(D_t)$ representa os subespaços esparsos de topo de todos os dados de treino D_t, $TSS(p_j)$ representa os subespaços esparsos de topo dos dados de treino de topo j que têm o fator de anomalia mais elevado e $TSS(o\ )$ representa os subespaços esparsos de topo do exemplar de anomalia t.

Note-se que, do ponto de vista da implementação, a SST é mais do que um conjunto de subespaços. Em cada subespaço do SST, introduzimos também o conjunto

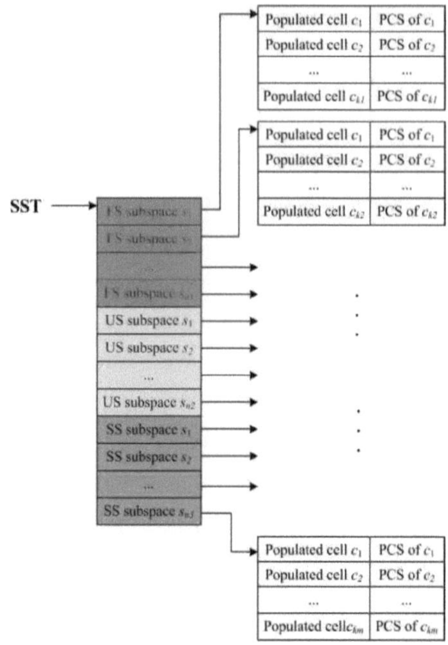

Figura 8: A estrutura de dados da SST

das células não vazias e o PCS para cada uma destas células neste subespaço. É utilizada uma função de hash para encontrar rapidamente as células e os respectivos PCS num determinado subespaço. Esta função de hash mapeia o vetor de índice de intervalo da célula projectada a que pertence um determinado dado em cada subespaço da SST para um valor escalar. ,Assumindo que cada dimensão está dividida em intervalos NI e que $[a_1, a_2, ..., a_{|s|}]$ é o vetor índice intervalar da célula projectada em que se insere o ponto p no subespaço s *E SST*, então a função *hash* pode ser definida como *hash*([a 1, $a2$, ..., a\ \]) = Pi= 1 a - Ns-. Esta função hash não conduz a uma colisão dos valores da função hash, mas os valores da função hash podem, nalguns casos, ser

---

,Algoritmo: SPOT_Unsupervised_Learning (*DT, d ,top_k, Nruns)*

Entrada: dados de treino *DT*, limiar de distância de agrupamento d_c, número de subespaços de topo ou outliers *top-k* a selecionar, número de execuções de agrupamento *Nruns*; saída: Subespaços SST não supervisionados;

1. *US* ^ top_k subespaços esparsos de MOGA(*DT*);
2. FOR *i=1* to *Nruns* DO *{*

3. *DT* ^ ChangeOrder(*DT*);

4. *T*^0Cluster(*D* , *US*, *dc*); }

5. *OFset* ^ ComputeOF(*DT*);

6. *top-training-dataset* ^ Selecionar _top_k(*OFset, DT*);

7. PARA cada dado *p* no ^*conjunto de dados de drenagem superior* FAZER {

8. *US* ^ *USU* top_k subespaços esparsos de MOGA(*p*); }

9. *SST* ^ *US*;

10. Retorno(*SST*);

Figure 9: Algoritmo de aprendizagem não supervisionada do SPOT

pode ser bastante grande.

As células não vazias (e os seus PCS) em cada subespaço da SST são gradualmente actualizados na fase de reconhecimento subsequente. A estrutura de dados da SST é apresentada na Figura 8. Note-se que os três grupos de subespaços na SST são destacados com cores diferentes na figura, mas na prática são tratados da mesma forma e deixam de ser diferenciados uns dos outros depois de terem sido adicionados à SST.

Algoritmos de aprendizagem

A Figura 9 mostra o algoritmo de aprendizagem não supervisionada do SPOT. *T*Nos passos 4-5, é efectuado um agrupamento dos dados de treino *D*. A métrica de distância utilizada para o agrupamento, Outlying Distance (OD), baseia-se nos subespaços mais escassamente povoados de todos os dados de treino, que foram determinados pelo MOGA nos passos 2 e 3. A etapa 6 quantifica o fator de dispersão dos dados de treino individuais. Os passos 7-9 tentam analisar os subespaços

---

Algoritmo: SPOT_Supervised_Learning (*OE,top_k*)

Entrada: Conjunto de análises de anomalias *OE*;

Saída: Sub-salas SST monitorizadas;

1. *SS* ■;

2. PARA cada ensaio de fuga *o* em *OE* DO

3. *SS* ^ *SSU* top_k subespaços esparsos de MOGA(*o*);

4. *SST* ^ *SS*;

5. Retorno(*SST*);

Figure 10: Algoritmo de aprendizagem supervisionada do SPOT

Subespaços para os dados de treino de topo que têm o fator periférico mais elevado. O MOGA é aplicado a todos os dados de treino de topo para encontrar os respectivos subespaços esparsos de topo. O *US* é adicionado ao SST e devolvido aos utilizadores nos passos 10-11.

O algoritmo para a aprendizagem supervisionada, que é mais simples do que o da aprendizagem não supervisionada, é apresentado na Figura 10. Nos passos 2-4, os subespaços esparsos para cada exemplar de outlier são encontrados utilizando MOGA. O *SS* é adicionado ao SST e devolvido ao utilizador nos passos 5-6.

4.3 Fase de reconhecimento do SPOT

Na fase de deteção, são reconhecidos os valores anómalos nos fluxos de dados de entrada. Como os fluxos de dados chegam continuamente, as sinopses de dados e o PCS da célula projectada, à qual pertencem os fluxos de dados em cada subespaço do SST, são primeiro actualizados para captar novas informações sobre os dados recebidos. Uma função de hash é utilizada aqui para atribuir rapidamente os dados à célula em que se encontram em qualquer subespaço. Em seguida, os dados são rotulados como outlier projetado se o PCS da célula a que pertencem num ou mais subespaços da SST for inferior a determinados limiares pré-determinados. Estes subespaços são os subespaços de outlier deste outlier. Todos os outliers, juntamente com os seus subespaços outlier e

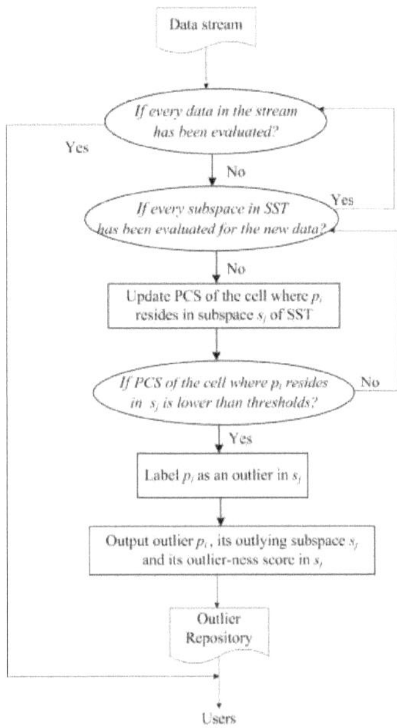

Figura 11: As etapas da fase de deteção no SPOT

o PCS da célula a que pertencem são enviados para o chamado *repositório de valores atípicos.* No final, todos ou um certo número dos principais valores atípicos no repositório de valores atípicos são enviados de volta aos utilizadores. O procedimento de análise dos dados de fluxo contínuo na fase de deteção é apresentado na figura 11.

Devido à velocidade dos fluxos de dados e ao carácter crítico do processo de deteção em termos de tempo, é crucial que os passos acima referidos possam ser executados rapidamente. Como já foi demonstrado, o BCS e o PCS podem ser actualizados de forma incremental e, por conseguinte, podem ser executados rapidamente. A avaliação da compatibilidade dos dados individuais com os outliers no fluxo de dados também é eficiente. Basta atribuir o ponto de dados a uma célula adequada e recuperar o PCS dessa célula para a verificação de outlier.

Um problema importante para a eficácia do SPOT é lidar com a dinâmica dos fluxos de dados e reagir a um eventual desvio de conceito. Para além da utilização de funções de decaimento na sinopse de dados, foram feitos esforços adicionais no SPOT para ultrapassar este problema, que são resumidos a seguir.

- Em primeiro lugar, tanto o BCS de células de base não vazias como o PCS de células projectadas não vazias em subespaços da SST são eficientemente mantidos à medida que os dados entram. Isto assegura que a SST é capaz de captar as características mais recentes do fluxo de dados e de reagir rapidamente às alterações dos dados;

- Em segundo lugar, se for detectada uma anomalia, esta não é rejeitada, mas armazenada no repositório de anomalias. Os melhores subespaços esparsos gerados pelo MOGA são incluídos no *SS* da SST para reconhecer os valores anómalos dos fluxos de dados que chegam mais tarde. Como resultado, a capacidade de deteção da SST é constantemente melhorada à medida que mais e mais anomalias são reconhecidas durante o processo de deteção;

- Em terceiro lugar, a SST está equipada com a capacidade única de *auto-evolução em linha.* A ideia básica da auto-evolução da SST é que, durante a fase de reconhecimento, uma série de novos subespaços são regularmente gerados em linha através do cruzamento e mutação dos subespaços mais elevados da SST atual. Estes novos subespaços gerados representam o novo desenvolvimento da SST. No entanto, não podem ser imediatamente adicionados ao SST porque falta a informação do PCS. De acordo com o nosso modelo temporal (*ω,* ϵ), têm de esperar um certo período de tempo (pelo menos um comprimento de janela ш) para recolher a informação estatística necessária. Quando os novos subespaços são adicionados à SST, toda a SST, incluindo os novos subespaços, é reordenada e os novos subespaços esparsos superiores são seleccionados para criar uma nova SST.

O algoritmo de deteção do SPOT é apresentado na Figura 12. O algoritmo de reconhecimento do SPOT é executado enquanto o fim do fluxo de dados não for atingido. O conjunto designado por *SST^Candidate* é utilizado para armazenar os novos subespaços

---

$_{can}$Algoritmo: SPOT_Detecção (SST, *t*,*N*, *top-k*)

Entrada: SST, período de auto-desenvolvimento *t* e número de novos subespaços N_{can} gerados durante o auto-desenvolvimento da SST;

Saída: Outlier_Repository, no qual são guardados os outliers determinados.

1. *Candidato SST--0*;
2. WHILE NOT (fim do atual) DO *{*
3. SE chegar um novo fluxo de dados *p*, ENTÃO *{*
4. Actualizar_BCS(*p*);
5. Atualizar o PCS(*p*, SST, SST.Candidate);
6. IF (Outlier *.detectionp*, SST)=True) THEN
7. Insert (outlier repository, p); *}*
8. IF ((Hora_actual_de_início) mod *t=0*) THEN *{*
9. SST - SST_Evolution(SST, SST.Candidate);
10. $_{can}$SST.Candidate - Gerar_SST_Candidate(SST, *N*);

11. Para cada novo outlier *o* que é adicionado ao repositório de outliers *DO{*
12. SST - SST *U* subespaços esparsos superiores de MOGA(*o*); *} } }*
13. Devolver(top_k_outliers(repositório de outliers, *top-k*));

Figura 12: Algoritmo de reconhecimento do SPOT

é gerado periodicamente a partir do SST para representar a sua auto-evolução. Quando chegam novos dados, são executados três sub-passos (passos 3-7), nomeadamente 1) o BCS da célula de base no hipercubo a que o ponto pertence é atualizado; 2) o PCS da célula projectada em cada subespaço da SST e o subespaço candidato da SST a que o ponto pertence são actualizados; e 3) este ponto é verificado em cada um dos subespaços da SST para decidir se é ou não um outlier projetado. Se este ponto for considerado um outlier projetado, é adicionado ao *repositório de* outliers onde são armazenados todos os outliers projectados detectados. Sempre que decorre um intervalo de tempo *t,* é efectuada a auto-evolução da SST. É criada uma nova SST utilizando a SST atual e

candidato à SST (etapa 9). São então criados novos subespaços para auto-evolução no ciclo seguinte. Estes novos subespaços devem permanecer nos *candidatos à SST durante* um certo período de tempo, a fim de recolher estatísticas de dados suficientes. Na etapa 10, é gerado um conjunto de novos subespaços candidatos à SST. Para os novos outliers descobertos no último ciclo, o MOGA é aplicado nos passos 11 e 12 para encontrar os respectivos subespaços esparsos de topo para atualizar a SST. Finalmente, os *k melhores* outliers projectados descobertos na fase de deteção são devolvidos (passo 14).

4.4 Resumo

Nesta secção, apresentamos o SPOT em pormenor. Começamos com uma visão geral do SPOT, seguida de um mergulho profundo nas fases de formação e reconhecimento. Introduzimos a noção de Subespaço Template Esparso (SST), o conjunto de subespaços em que os dados de streaming são analisados. Os membros do SST são principalmente subespaços de baixa dimensão, e o tamanho do SST é muito mais pequeno do que o tamanho da grelha espacial completa. Isto ajuda a tornar o problema da deteção de valores atípicos projectados mais fácil de gerir. Também tratámos os três grupos de subespaços constituintes da SST, *ou seja, subespaços* SST fixos (*FS*), subespaços SST não supervisionados (*US*) e subespaços SST supervisionados (*SS*). O *FS* é gerado de forma determinística, enquanto o *US* e o *SS* são gerados de forma não determinística com a ajuda do MOGA. Complementam-se mutuamente e contribuem em conjunto para a eficiência de deteção do SPOT. Uma vez criada a SST, o SPOT pode reconhecer os outliers. Os dados nos fluxos de dados que têm um valor PCS invulgarmente baixo são designados por outliers. Os *k* melhores outliers com o valor PCS mais elevado podem ser seleccionados no final do processo de deteção. No final desta secção, mostrámos também as estratégias que o SPOT utiliza para melhorar a sua adaptabilidade ao lidar com a dinâmica dos fluxos de dados na fase de deteção.

5 Algoritmo genético multi-objetivo

Para gerar subespaços SST não supervisionados (*US*) e subespaços SST supervisionados (*SS*), o algoritmo genético multiobjectivo (MOGA) é utilizado como um método de pesquisa eficaz para encontrar os melhores subespaços esparsos dos dados. Nesta secção, começamos por dar uma visão geral da otimização evolutiva multi-objetivo e, em seguida, explicamos a conceção ad hoc do MOGA no SPOT.

5.1 Uma visão geral da otimização evolutiva multi-objetivo

Em muitas aplicações do mundo real, ocorrem naturalmente objectivos múltiplos e muitas vezes contraditórios. Os algoritmos evolutivos têm algumas propriedades ideais para lidar com estes problemas de otimização, pelo que há muito que são estratégias de pesquisa amplamente utilizadas para a otimização multiobjectivo. A otimização evolutiva multi-objetivo estabeleceu-se como um domínio de investigação que combina as áreas da computação evolutiva e da tomada de decisão clássica com base em critérios múltiplos.

Os algoritmos evolutivos (AE) [56] tiveram origem no final da década de 1950, tendo sido propostos vários métodos evolutivos desde a década de 1970. Os AE representam uma classe de métodos de otimização estocástica que simulam o processo de evolução natural. Imitam o processo de evolução orgânica [65] para resolver problemas de otimização parametrizados.

As EAs baseiam-se na ideia fundamental da evolução darwiniana, ou seja, os recursos são escassos na natureza, o que leva à competição entre espécies. Neste processo competitivo, todas as espécies são sujeitas a um mecanismo de seleção em que apenas os mais aptos podem sobreviver. Os indivíduos mais aptos têm mais hipóteses de acasalar uns com os outros, o que, no decurso da evolução, conduz a indivíduos ainda melhores. Entretanto, ocorrem ocasionalmente variações através de mutações. Este facto aumenta a diversidade das espécies e contribui para uma maior melhoria da aptidão física.

Os mecanismos subjacentes aos EAs são simples e provaram ser um mecanismo de pesquisa geral, robusto e poderoso [112]. São particularmente adequados para resolver problemas complicados de otimização/pesquisa com as seguintes características

1. Vários objectivos contraditórios; e

2. Espaços de pesquisa de dimensão inultrapassável e altamente complexos.

2.1.1 Otimização multi-objetivo Formulação do problema

Suponhamos que é necessário resolver um problema de otimização com *k* objectivos. Sem perder a generalidade, assumimos que este problema de otimização é um problema de mínimos em que todos os *k* objectivos devem ser minimizados. As soluções para este problema podem ser formuladas como vectores de decisão, cada um dos quais pode ser representado por *x* = {*x* 1, *x2*,..., *xn*}*T* no espaço de decisão *X*. 12Aplicando uma função de mapeamento *f* : *X* ^ *Y*, o vetor de decisão *x* pode ser convertido num vetor de destino *y*= (*y* , *y* , . . . *k*T, *y* } no espaço de decisão *Y* como

*y*y= y( ) = {fi(*x*),f2(*x*),...,*fk*(*x*)}*T*

através do qual a qualidade/qualidade desta solução pode ser avaliada. O objetivo do *y*
O problema de otimização consiste em encontrar o vetor de decisão *x** = {x1, *x**,... *T*xn} *y*
'o que resulta no vetor-alvo optimizado *y* .

Suponhamos que o espaço-alvo *Y* é um espaço de dados com números reais. Discutimos a avaliação da qualidade da solução da seguinte forma, com base no número de objectivos *k* a otimizar:

1. Se *k* = 1, o problema é reduzido a um problema de otimização de um objetivo. O espaço objetivo *Y* pode ser representado como *Y Q* < . *Neste* caso, uma solução *x* 1 *€ X é* considerada melhor do que outra solução *x2 € X* se yi < y2, em que yi = *f* (xi) e *y2* = *f* (x2);

Se *k* > 1, o problema torna-se um problema de otimização multiobjectivo. O espaço-alvo *Y* torna-se agora um vetor multidimensional,
ou seja, Y Q <k, em vez de um escalar. Nesse caso, a avaliação das soluções torna-se mais complicada do que na otimização com um único objetivo. A dominância de Pareto é um conceito frequentemente utilizado para determinar a qualidade das soluções em problemas de otimização multiobjectivo. Utilizando a dominância de Pareto, um vetor objetivo yl é considerado dominante em relação a outro vetor objetivo y2, denominado yl y2 , se nenhum componente de y2 for inferior ao componente correspondente de yl e se pelo menos um componente de y2 for superior ao de yl . Por conseguinte, pode dizer-se que uma solução xl é melhor do que (ou seja, domina) outra solução x2 , designada xl x2 , se yl y2.

$$\forall i \in I,\ f_i(\vec{x}^*) \leq f_i(\vec{x})$$

$$\exists j \in I, f_i(\vec{x}^*) < f_i(\vec{x})$$

Com base no conceito de dominância de Pareto, dizemos que uma solução Xx є X é Paretoóptima se, para cada solução Xx є X, se verificar o seguinte

e

em que I é o conjunto de atributos do fluxo de dados.

Por outras palavras: Xx é Pareto-optimal se não existir uma solução viável Xx que piore um critério sem melhorar simultaneamente pelo menos um outro critério. Na prática, o ótimo de Pareto não consiste numa única solução, mas numa série de soluções não inferiores ou não dominantes, o chamado conjunto de Pareto.

No espaço objetivo, os vectores objetivo podem ser organizados em várias superfícies de compromisso. Os vectores objetivo no mesmo espaço de compromisso não se dominam uns aos outros, enquanto a superioridade (ou inferioridade) dos vectores objetivo em diferentes espaços de compromisso pode ser decidida. Por exemplo, num problema de minimização, os vectores objetivo na área de compromisso mais próxima da origem são melhores do que os da área mais afastada da origem. A área onde se encontram as soluções óptimas é designada por frente de Pareto.

2.1.2 Principais componentes dos algoritmos evolutivos

De certa forma, o objetivo da otimização multiobjectivo é encontrar o conjunto de Pareto, ou seja, o conjunto de soluções que formam a frente de Pareto no espaço objetivo. Infelizmente, encontrar o conjunto de Pareto pode ser muito intensivo do ponto de vista computacional e é frequentemente inviável. Por conseguinte, os métodos de otimização multiobjectivo não podem garantir a frente de Pareto óptima. Em vez disso, tentam apenas encontrar uma boa aproximação que seja tão próxima quanto possível da verdadeira frente óptima.

Foram desenvolvidas várias estratégias de pesquisa estocástica, como a pesquisa aleatória, o hill climbing, o recozimento simulado e os algoritmos evolutivos (EA) [71], para resolver problemas de otimização. No entanto, os AE funcionam com toda uma população de soluções actuais e não com uma única solução. Esta é uma das principais razões pelas quais os algoritmos evolutivos são mais eficazes do que os métodos de subida de colina, pesquisa aleatória ou recozimento simulado. Os EAs utilizam a essência das técnicas de todos estes métodos com a recombinação de várias soluções numa população. São definidas operações apropriadas para imitar os processos de recombinação e mutação, e a simulação é concluída [14].

Uma EA tem normalmente as seguintes três características principais

1. Mantém-se uma série de candidatos a soluções;
2. A este conjunto é aplicado um procedimento de seleção de emparelhamento, o chamado operador de seleção;

3. As soluções múltiplas podem ser combinadas sob a forma de cruzamentos ou cada solução pode sofrer mutações para criar novas soluções.

Nas AE, os candidatos a solução são designados por *indivíduos* e o conjunto de candidatos a solução por *população*. Cada indivíduo representa uma solução possível, *ou seja,* um vetor de decisão, no espaço de decisão para o problema analisado. Cada indivíduo é codificado em EAs com base numa representação adequada, como uma cadeia binária, uma árvore, etc. Os indivíduos são codificados no processo de geração da evolução. Os indivíduos são gerados de forma geracional na evolução, e espera-se que os indivíduos

têm, em geral, um melhor desempenho nas gerações mais recentes do que nas suas antecessoras, mesmo que tal possa não ser o caso na prática.

O processo de seleção de parceiros consiste geralmente em duas fases: *atribuição de aptidão* e *seleção* (em algumas literaturas, a seleção é referida como amostragem). Na primeira fase, os indivíduos da população atual no espaço-alvo são avaliados e é-lhes atribuído um valor escalar, *ou seja, a aptidão*, que reflecte a sua qualidade. Em seguida, é criado um grupo de acasalamento que contém os indivíduos que serão utilizados para produzir novos indivíduos para a geração seguinte, seleccionando aleatoriamente a partir da população de acordo com os valores de aptidão dos indivíduos.

Uma vez gerado o pool de acasalamento, este está pronto para produzir os novos indivíduos de uma nova geração, utilizando os operadores de variação. Os operadores de variação são também vulgarmente designados por *operadores de pesquisa,* uma vez que introduzem um mecanismo de pesquisa de diferentes soluções possíveis através da geração de novos indivíduos. Os dois operadores de variação mais importantes utilizados nos EAs são o *operador de cruzamento (recombinação)* e o *operador de mutação.* O operador de cruzamento utiliza um determinado número de pais (normalmente dois) de cada vez e cria um filho combinando partes dos pais. Este operador utiliza normalmente uma probabilidade de cruzamento para determinar o locus de cruzamento dos indivíduos progenitores envolvidos no cruzamento para recombinação. O operador de mutação, por outro lado, muda os indivíduos alterando pequenas partes da representação de acordo com uma determinada probabilidade de mutação. É de notar que, devido à natureza aleatória da variação, é possível que alguns indivíduos no conjunto de acasalamento não sejam afectados pela variação e, por conseguinte, representem simplesmente uma cópia de uma solução gerada anteriormente.

2.1.3 Tópicos importantes dos MOEAs

Para além dos componentes mais importantes dos algoritmos evolutivos que já foram discutidos, há algumas questões importantes que precisam de ser esclarecidas, particularmente no caso dos algoritmos evolutivos com múltiplos objectivos. Estas questões incluem a *afetação da aptidão*, a *promoção da diversidade* e o *elitismo*.

Numa perspetiva histórica, pode ver-se que estas questões importantes foram consideradas com diferentes graus de atenção em diferentes fases de desenvolvimento no domínio da otimização evolutiva multiobjectivo. Na primeira geração, a otimização evolutiva multiobjectivo centrou-se na abordagem do problema da melhor aproximação do conjunto de Pareto; a pesquisa foi dirigida para a frente de Pareto [47] [69] [102]. Os métodos da segunda geração incorporaram o conceito de nichificação para promover a diversidade de soluções [48] [63] [105]. A importância do elitismo foi reconhecida e apoiada experimentalmente no final dos anos 90 [98] [119] [130], e a maioria dos MOEAs de terceira geração estão equipados com o mecanismo de elitismo de uma forma ou de outra para melhorar continuamente a aptidão global das soluções em evolução [36] [70] [127].

Tarefa de fitness

Nos problemas de otimização com um único objetivo, a função objetivo e a função de aptidão são muitas vezes idênticas e são normalmente utilizadas indistintamente. Por conseguinte, a avaliação da qualidade dos indivíduos em problemas de otimização com um único objetivo pode ser efectuada diretamente com base nos valores da sua função objetivo. Em contrapartida, a função objetivo e a função de aptidão diferem na otimização evolutiva multiobjectivo. A função objetivo *f gera um* vetor objetivo *k-dimensional Y*, aplicando-o ao vetor de decisão X. A avaliação da qualidade dos indivíduos em MOEAs utilizando apenas Y não é simples. É geralmente desejável converter o vetor objetivo *k-dimensional Y* numa função de aptidão escalar para facilitar a avaliação da qualidade individual. A atribuição de aptidão é a operação que permite essa transformação. Existem três classes principais de métodos para efetuar a atribuição da aptidão, nomeadamente *as abordagens da soma agregada, as abordagens baseadas em critérios* e *as abordagens baseadas na dominância de Pareto*.

A abordagem mais simples e mais direta para criar as superfícies de compromisso consiste em combinar os objectivos numa única função objetivo parametrizada. Esta abordagem é designada por *abordagem de soma agregada*. Os parâmetros da função de agregação são sistematicamente ajustados durante o processo de otimização para encontrar um conjunto de soluções não dominadas em vez de uma única solução de compromisso. A função de agregação mais utilizada nos MOEA é a agregação da soma ponderada, em que os parâmetros dos diferentes objectivos são os pesos que lhes são atribuídos, indicando a sua importância relativa na otimização [62] [64]. Embora simples e fácil de implementar, a abordagem da função de agregação tem a grande desvantagem de, na maioria dos casos, não ser prático combinar diretamente diferentes objectivos, nem ser fácil especificar os valores dos pesos utilizados para equilibrar a importância dos diferentes objectivos na função de agregação.

Nas abordagens baseadas em critérios, podem ser escolhidos objectivos diferentes ao selecionar soluções na mesma ou em diferentes gerações. Quando um indivíduo é selecionado para produzir a sua descendência, pode ser utilizado um objetivo diferente para decidir que membro da população é copiado para o grupo de acasalamento. Existem diferentes formas de selecionar objectivos para a seleção de indivíduos. Em [102], cada objetivo é utilizado para gerar uma parte igual do conjunto de acasalamento. Pode ser utilizado um método probabilístico para selecionar alvos; a cada alvo é atribuída uma probabilidade especificada pelo homem que determina a possibilidade de o alvo ser selecionado [69].

As abordagens baseadas na dominância de Pareto quantificam a aptidão do indivíduo com base no conceito de dominância de Pareto [52]. São utilizados vários métodos diferentes para atribuir a aptidão com base na dominância de Pareto. Em geral, estes métodos baseiam-se na classificação da dominância, na profundidade da dominância ou no número de dominância. Em [48], a ordem de dominância, *ou seja,* o número de indivíduos pelos quais um indivíduo é dominado, é utilizada para determinar os valores de aptidão. Como mencionado anteriormente, a população de soluções é dividida em várias frentes no espaço objetivo, e a profundidade indica a que frente pertence um indivíduo. Em [36] e [105] utiliza-se a ideia da profundidade de dominância para calcular a aptidão individual. Em [127] e [130], a contagem de dominância, ou seja, *o* número de indivíduos dominados por um determinado indivíduo, também é utilizada para calcular a aptidão. Podem ser utilizadas em conjunto diferentes estratégias baseadas na dominância de Pareto.

Em contraste com os métodos baseados na agregação, que se baseiam na

As abordagens baseadas na dominância de Pareto têm em conta toda a população no cálculo da aptidão, enquanto as abordagens baseadas na dominância de Pareto calculam o valor bruto da aptidão independentemente dos outros indivíduos. Além disso, as abordagens baseadas na dominância de Pareto consideram todos os objectivos ao mesmo tempo e não apenas um objetivo de cada vez, como nas abordagens baseadas em critérios.

Incentivar a diversidade

A promoção da diversidade é um aspeto importante dos MOEAs para garantir uma boa aproximação à frente de Pareto no espaço-alvo. É altamente desejável que as soluções obtidas possam ser distribuídas o mais uniformemente possível ao longo da frente. Isto pode reduzir significativamente a probabilidade de se chegar a um ótimo local.

A maioria dos MOEAs tenta manter a diversidade das soluções para a aproximação da frente de Pareto utilizando informações sobre a densidade no processo de seleção dos indivíduos. O princípio geral é que a probabilidade de um indivíduo ser selecionado é mais penalizada se a densidade dos indivíduos na sua vizinhança for mais elevada. Por conseguinte, a tarefa central para preservar a diversidade das soluções consiste em estimar a densidade local de cada indivíduo. As principais técnicas para estimar a densidade local dos indivíduos em MOEAs incluem *métodos baseados na função kernel*, *métodos baseados no vizinho mais próximo* e *métodos baseados em grelha*.

Os métodos de kernel [103] definem a vizinhança de um ponto utilizando a função de kernel. Para cada indivíduo x, são calculadas as distâncias de x a todos os outros indivíduos da população. Alguns tipos de funções de influência são definidos para medir a influência de outros indivíduos em x. Em princípio, a função de influência pode ser qualquer função que utilize a distância entre dois indivíduos como argumento. A função de influência pode ser uma função de influência quadrática em que $f(x,x) = 1$ se $dist(x,x_0) < a$, e $f(x,x') = 0$ caso contrário. ⁰Pode também ser uma função de influência guassiana em que $f(x, x) = \frac{dist(x,x0)2}{}$

e 2°2 . A densidade estimada do indivíduo x é definida como a soma de

Função de influência de todos os outros indivíduos da população como

$$density(x) = \sum_{i=1}^{P} f(x, x_i), x \neq x_i$$

A partilha de aptidão utilizando a estimativa da densidade de kernel é a técnica mais utilizada no domínio dos MOEAs [48][63] [105].

As técnicas do vizinho mais próximo são métodos simples de estimativa da densidade local [103]. ᵗʰCalculam a distância de um dado indivíduo ao seu k vizinho mais próximo e utilizam esta distância como meio de estimar a densidade na sua vizinhança. Normalmente, o estimador da densidade é uma função do inverso desta distância [127].

Os métodos baseados em grelha [103] são outra classe de estimadores de densidade comummente utilizados que usam um hipercubo para quantificar a densidade local dos indivíduos no espaço alvo. A densidade das células no hipercubo fornece uma orientação rápida sobre a localização das regiões densas/pobres no espaço alvo. A densidade em torno de um indivíduo é simplesmente estimada pelo número de indivíduos na mesma célula da grelha [70].

Pensamento de elite

O elitismo é uma tentativa de resolver o problema da perda de soluções potencialmente boas durante o processo de otimização devido à aleatoriedade dos MOEA. Se não forem tomadas medidas especiais, os MOEA não podem garantir que os indivíduos de uma geração mais recente serão sempre melhores do que os da geração mais antiga. As boas soluções podem não ser seleccionadas com êxito e, por conseguinte, desaparecer para sempre da população. O elitismo tenta preservar as boas soluções encontradas ao longo do processo de otimização e seleccioná-las para a produção de novos indivíduos. O elitismo é um meio eficaz de evitar a deterioração das gerações na evolução.

Há duas formas principais de implementar o elitismo nos MOEAs. Uma forma consiste em combinar a população antiga e a sua descendência, *ou seja,* o conjunto de acasalamentos após a variação, e aplicar um procedimento de seleção determinístico para selecionar indivíduos para a nova geração a partir da população combinada acima, em vez de substituir diretamente a população antiga pelo conjunto de acasalamentos modificado. Além disso, as poucas melhores soluções podem ser copiadas diretamente para a geração seguinte. As duas abordagens acima mencionadas são designadas por abordagens sem arquivo, em que não é necessário espaço de armazenamento adicional para manter as boas soluções.

Em alternativa, pode ser atribuído um espaço de armazenamento especial, designado por *arquivo*, para manter as soluções promissoras na população. As melhores soluções podem ser copiadas para o arquivo em cada geração. O arquivo só pode ser utilizado como uma memória externa separada do algoritmo de otimização. As soluções armazenadas no arquivo só são utilizadas para arquivar, para facilitar ao utilizador a procura da solução óptima no final da otimização. No entanto, também pode ser integrado nos MOEAs em cada geração, incluindo os membros do arquivo no processo de seleção. Por outras palavras, a reserva de acasalamento é constituída por indivíduos não só da geração anterior, mas também das boas soluções históricas armazenadas no arquivo.

5.2 Conceção do MOEA no SPOT

Os algoritmos genéticos, uma classe especial de algoritmos evolutivos, são conhecidos por serem bem adequados para problemas de otimização multi-objetivo. No nosso trabalho, utilizamos o Algoritmo Genético Multi-Objetivo (MOGA) para procurar subespaços nos quais RD, IRSD e IkRD possam ser minimizados para a construção do SST. Nesta subsecção, abordaremos os aspectos importantes da conceção do MOGA no SPOT, incluindo a função de aptidão, a representação individual, o operador de seleção, o operador de pesquisa, a preservação da diversidade e o elitismo.

pcExistem quatro parâmetros principais utilizados no MOGA, *nomeadamente* o número total de gerações a realizar no MOGA (designado por N_g), o número de indivíduos na população de cada geração (designado por N), a probabilidade de realizar o cruzamento entre dois indivíduos seleccionados (designado por p) e, finalmente, a probabilidade de mutação de cada bit do indivíduo (designado por p_m). A configuração típica dos parâmetros no SPOT é $N_g = 100$, $N_p = 50$, $p_c = 0.7$ e $p_m = 0.1$. Pode alterar a especificação do valor destes parâmetros para obter diferentes cargas de pesquisa e forças de pesquisa para o MOGA.

5.3 Funções objectivas

5.3.1 Definição das funções de destino

Para utilizar o MOGA na fase de formação, é necessário definir as funções de objetivo para dois tipos de dados.

O primeiro tipo de dados é *um único ponto de dados*. Isto aplica-se a todos os dados de treino com melhor classificação e a cada exemplar anómalo. Precisamos de encontrar os subespaços divergentes para os dados de treino com melhor classificação e para os exemplares aberrantes para gerar *US* e *SS*. Para um único ponto de dados, $f(p, s) = f(c, s)$, ou seja, a função objetivo do ponto de dados p é a esparsidade dos dados (medida por RD, IRSD, IkRD) da célula c a que p pertence.

O segundo tipo de dados é *o conjunto dos dados de treino* D_t. Os subespaços remotos de todos os dados de treino são encontrados no início do processo de aprendizagem para gerar *US*. „Se a função objetivo de D for definida da mesma forma que a de um único conjunto de dados, por exemplo, a esparsidade média dos dados das células povoadas, então temos $f(D, s) = 1$ porque RD, IRSD e IkRD são todos definidos como rácios do seu nível médio. Em vez disso, a função objetivo de D_t é definida como o número (mais precisamente, a percentagem) de pontos de dados com baixo valor de PCS (ou seja, o RD, IRSD e IkRD correspondentes no valor de PCS é baixo em relação a alguns limiares definidos pelo utilizador). As funções objetivo de D_t são apresentadas da seguinte forma.

Definição 5.1 Objetivo de RD de um conjunto de dados de treino: O objetivo de RD de um conjunto de dados de treino D_t no subespaço s, designado por $f_{RD}(D_t, s)$, mede a densidade global de D_t em s com base na densidade relativa das células ocupadas por D_t em s. É definido como o inverso da percentagem de dados em Dt cujo RD é inferior ao limiar de RD "RD". É definido como o recíproco da percentagem de dados em D_t cuja RD é inferior ao limiar de RD "RD":

$$f_{RD}(D_t, s) = \left[\frac{|\{p_i : RD(c, s) < \gamma_{RD}, p_i \in c\}|}{|D_t|}\right]^{-1},$$

c é ocupado por D_t (15)

em que $l\{p_i: RD(c, s) < \gamma_{RD}, p_i \in c\}|$ representa o número de pontos de dados nas células cujo RD em *s* é inferior ao valor limiar γ_{RD}- Dtl representa o número de

$$f_{IRSD}(D_t, s) = \left[\frac{|\{p_i : IRSD(c, s) < \gamma_{IRSD}, p_i \in c\}|}{|D_t|}\right]^{-1}, c \text{ is occupied by } D_t \quad (16)$$

$$f_{IkRD}(D_t, s) \quad \left[\frac{|\{p_i : IkRD(c, s) < \gamma_{IkRD}, p_i \in c\}|}{|D_t|}\right]^{-1}, c \text{ is occupied by } D_t \quad (17)$$

,Dados em D_t. Quanto mais baixo for o valor de f_{RD} (D, s), maior é a esparsidade dos dados de D no subespaço *s*.

,Definição 5.2 Objetivo IRSD de um conjunto de dados de treino: O objetivo IRSD de um conjunto de dados de treino D_t num subespaço *s*, designado por $f_{IRSD}(D_t, s)$, mede a esparsidade global com base no desvio-padrão das células em *s* ocupadas por D . ,É definida como o inverso da percentagem de dados em D cujo IRSD é inferior ao limiar IRSD γ_{IRSD}: onde $l\{p_i: IRSD(c, s) < \gamma_{IRSD}, p_i \in c\}|$ denota o número de pontos de dados nas células cujo IRSD em *s* é inferior ao limiar γ_{IRSD}- Quanto mais baixo for o valor de f_{IRSD} (D, s), maior é a esparsidade dos dados de D_t no subespaço *s*. Definição 5.3. $_{IkRDu}$Objetivo IkRD de um conjunto de dados de treino: O objetivo IkRD de um conjunto de dados de treino D no subespaço *s*, denotado por $f\,(D\,, s)$, mede a esparsidade global com base na distância relativa k das células ocupadas por D em *s*- É definido como o inverso da percentagem de dados em D_t cujo IkRD é inferior ao limiar IkRD γ_{IkRD}: onde $l\{p_i: IkRD(c, s) < \gamma_{IkRD}, p_i \wedge c\}|$ denota o número de pontos de dados nas células cujo IkRD em *s* é inferior ao limiar γ_{IkRD} - Quanto menor o valor de $f_{IkRD}(D, s)$, maior a paridade de dados de D_t no subespaço *s*.

$_{RD}$f e f_{IRSD} podem ser calculados muito facilmente. $_{RDIRD}$Em primeiro lugar, identificam-se as células cujo *RD* e e *IRSD* são inferiores aos limiares correspondentes e totaliza-se o número de pontos de dados nestas células que estão prontamente disponíveis para quantificar f e fS.

Uma vez que a fase de treino pode ser efectuada offline, é possível *efetuar* mais do que uma análise dos dados de treino para calcular f_{IkRD}.

extraído. Calcula-se então a distância k para cada célula colonizada e conta-se o número de dados nas células cujo IkRD é inferior ao limiar. $_{IkRD}$Uma abordagem de aproximação mais eficiente para o cálculo de f consiste em calcular apenas a distância k para as células não cobertas no subespaço em vez de calcular a *distância k* para todas as células colonizadas. Esta abordagem baseia-se na consideração de que, para um determinado valor limite de IkRD, *ou seja,* γ_{IkRD}, que é normalmente um número real pequeno, o valor de IkRD das células de cobertura é suscetível de *ser* significativamente mais elevado do que Y_{IkRD} e as células cujo valor de IkRD é inferior a Y_{IkRD} *têm* grande probabilidade de ter origem em células não cobertas. $_{IkRD}$ Uma vez que o número de células não cobertas é relativamente pequeno, esta estratégia pode contribuir para uma aceleração significativa do cálculo de *f* sem comprometer seriamente a eficácia.

5.3.2 Funções de objetivo penalizadas

Como já foi referido, é mais provável que os valores anómalos projectados existam nestes subespaços de baixa dimensão. Por conseguinte, são incorporados termos de penalização nos objectivos de otimização RD, IRSD e IkRD no SPOT para ter em conta este conhecimento e tornar a pesquisa mais eficaz. Os termos de penalização permitem concentrar mais a pesquisa nos subespaços de baixa dimensão e reduzir a geração de subespaços de alta dimensão que, de outro modo, teriam de ser avaliados no algoritmo genético. Mais especificamente, escolhemos uma *função de penalização exponencial em* relação à dimensionalidade dos subespaços. As funções de penalização exponencial são capazes de penalizar mais severamente os subespaços com maior dimensionalidade, enquanto são muito mais suaves quando a dimensionalidade dos subespaços é menor. Isto ajuda o processo de pesquisa a convergir para estes subespaços de dimensão relativamente baixa à medida que avança, mas ao mesmo tempo impede-o de convergir prematuramente para subespaços com poucos atributos, por exemplo 1 ou 2, que se sobrepõem fortemente a *FS.* Para evitar a sobreposição entre *US* (ou *SS*) e *FS*, penalizamos as funções objetivo com um termo grande (*valor grande* = 1000) para garantir que a dimensionalidade dos subespaços em *US* e/ou *SS* obtidos por MOGA é superior a *M axDimension.* As funções objetivo penalizadas de um subespaço *s* em relação a um conjunto de dados *D* (*D*

$$f_{RD}(D,s)' = f_{RD}(D,s)(1+\frac{e^{|s|-c}}{e^{\varphi-c}}), \text{if } |s| > MaxDimension$$

$$f_{IRSD}(D,s)' = f_{IRSD}(D,s)(1+\frac{e^{|s|-c}}{e^{\varphi-c}}), \text{if } |s| > MaxDimension$$

$$f_{IkRD}(D,s)' = f_{IkRD}(D,s)(1+\frac{e^{|s|-c}}{e^{\varphi-c}}), \text{if } |s| > MaxDimension$$

$$f_{RD}(D,s)' = f_{IRSD}(D_t,s)' = f_{IkRD}(D_t,s)' = Large\_value, \text{ otherwise} \quad (18)$$

$$f' = \{f'_{RD}, f'_{IRSD}, f'_{IkRD}\}$$

pode ser uma única data ou a totalidade dos dados de treino) são definidos do seguinte modo

⁰Formalmente, a função objetivo penalizada *f* pode ser representada da seguinte forma

5.3.3 Incluir mais objectivos

A utilização de múltiplas funções alvo em vez de uma única é geralmente mais eficaz na identificação de outliers. Uma caraterística atractiva do SPOT é a possibilidade de incluir funções-alvo adicionais graças ao MOGA. No entanto, estas funções de objetivo devem satisfazer os seguintes requisitos:

- Antes de mais, devem ser capazes de medir a economia dos dados nas células;
- Em segundo lugar, os valores destas medidas devem poder ser calculados de forma eficiente através da agregação dos BCS das células de base do hipercubo;
- Por último, estas funções-alvo podem ser actualizadas de forma incremental e eficiente para lidar com fluxos de dados.

5.4 Seleção do operador

No SPOT, *a seleção baseada em Pareto é utilizada para* selecionar as soluções mais adequadas em cada passo evolutivo. Trata-se de um método de seleção estocástico em que a probabilidade de seleção de um subespaço é proporcional ao valor da sua aptidão. A aptidão de um subespaço *s*, denotada por *f itness*(*s*), é convertida a partir do número de Pareto (ou número de dominância) de *s* na população total, que é definido como o número de indivíduos dominados por *s* na população, ou seja

$$fitness(s) \quad |\{s_i : s \succ s_i\}| \qquad (19)$$

em que $|\{s_i : s \quad s_i\}|$ denota o número de indivíduos s_i *que* é dominado de *s*.

A probabilidade de o indivíduo *s* ser selecionado da população é designada por *P r*(*s*) e é calculada do seguinte modo

$$Pr(s) = \frac{fitness(s)}{\sum_{i=1}^{P} fitness(s_i)} \qquad (20)$$

onde *P* é o tamanho da população. Em comparação com o método convencional de seleção por roleta, que se baseia diretamente na aptidão das soluções, o método de seleção baseado na dominância de Pareto pode reduzir a pressão de seleção e aumentar as hipóteses de os subespaços com baixa aptidão serem incluídos na população seguinte. Isto ajudará a promover a diversidade individual e evitará que o MOGA fique preso no ótimo local.

5.5 Operadores de pesquisa

O cruzamento e a mutação são os dois operadores de pesquisa mais utilizados nos algoritmos genéticos. Seguindo a especificação canónica dos AG de Holland, nesta investigação são utilizados o cruzamento e a mutação sob a forma de *cruzamento de ponto único* e *mutação bit a bit.* No cruzamento de ponto único, é selecionado um ponto de cruzamento em dois indivíduos pais e todos os bits para além deste ponto nas cadeias são trocados entre os dois pais, resultando em dois novos filhos. Na mutação bit a bit, cada bit é invertido aleatoriamente, resultando na criação de novos filhos. No nosso trabalho, todos os novos indivíduos gerados por cruzamento e mutação têm o mesmo comprimento, ou seja, <*p,* que os seus pais, onde <*p* é o número de dimensões da base de dados de entrada. „Existem duas probabilidades associadas, p_c e p , que são usadas para determinar a frequência de aplicação do cruzamento e da mutação,

respetivamente. Note-se que a aplicação de cruzamento e mutação não são mutuamente exclusivas, uma vez que cada par de pais selecionado é submetido a testes de cruzamento e mutação para decidir que operador(es) de pesquisa lhes deve(m) ser aplicado(s). Normalmente $p_c >> p_m$, o que significa que o cruzamento é efectuado com muito mais frequência do que a mutação.

Em algumas aplicações, é possível incorporar conhecimentos sobre o domínio do problema nos operadores de pesquisa. Por exemplo, se se sabe que uma determinada caraterística é importante na deteção de outliers, podemos aumentar a probabilidade de o bit (que representa essa caraterística na representação individual) sofrer uma mutação de 0 para 1 e diminuir a probabilidade de sofrer uma mutação de 1 para 0, e vice-versa para as características sem importância.

5.6 Representação individual

Um esquema de representação simples mas eficaz para subespaços é a codificação binária padrão; todos os indivíduos são representados por cadeias binárias de comprimento fixo e igual *y,* em que *y* é o número de dimensões do conjunto de dados. Utilizando um alfabeto binário E = {0, *1}* para os alelos dos genes, cada bit no indivíduo assume o valor "0" ou "1", indicando se o atributo correspondente está selecionado ou não ("0" significa que a condição correspondente não está presente e vice-versa para "1"). sthth Um exemplo simples: o indivíduo "100101", se a dimensão do fluxo de dados for $<p = 6$, representa um subespaço tridimensional que contém os atributos 1 , 4 e 6 do conjunto de dados.

No entanto, para fluxos de dados de elevada dimensão com $<p$ dimensões, é utilizada uma cadeia binária longa com um comprimento de $<p$ para representar cada subespaço. As operações de cruzamento e mutação frequentemente efectuadas com base nas longas cadeias binárias estão associadas a um elevado esforço computacional. Por isso, é desejável uma representação curta dos indivíduos. Para este efeito, utilizamos uma representação mais compacta dos indivíduos no MOGA, que tem um comprimento muito mais curto. A ideia básica desta representação compacta é utilizar uma cadeia de números inteiros em vez de uma cadeia binária para representar cada subespaço. Cada número inteiro pode representar alguns bits binários, o que contribui para uma redução notável do comprimento da representação individual.

^{L}Se assumirmos que o número de bits binários necessários para representar cada inteiro é L, $L < <p$ (os inteiros estão no intervalo [0, 2 - 1]), então o comprimento de uma cadeia de inteiros usada para representar um subespaço é apenas aproximadamente L da cadeia binária usada para representar o mesmo subespaço.

Embora ofereça uma representação mais compacta e permita operações de cruzamento e mutação mais rápidas, a representação de cadeias de caracteres inteiras é limitada de duas formas. Para as operações de cruzamento, a localização possível do cruzamento é significativamente reduzida devido ao menor comprimento das cadeias de caracteres inteiros. Este facto restringe seriamente as possibilidades de exploração do operador de cruzamento. Na operação de mutação, a probabilidade de um número inteiro a sofrer uma mutação para outro número inteiro b ($a = b$) é igual a uma constante de $2p\text{-}i$ quando se utiliza a representação de cadeias de números inteiros, em que pm é a probabilidade de efetuar a mutação ao nível dos números inteiros, ao passo que esta probabilidade é efetivamente variável quando se utiliza a representação de cadeias binárias (para diferentes valores de a e b). Assim, a representação em cadeia de números inteiros altera o comportamento da mutação e tende a conduzir a mutações abruptas com maior frequência, o que pode resultar na perda de segmentos de bits úteis que podem vir a fazer parte de soluções potencialmente boas.

Para resolver estes problemas, preservando as vantagens desejadas da representação de números inteiros, propomos métodos eficientes para simular sem problemas as operações genéticas de cadeias binárias com a representação de cadeias inteiras. Derivamos formas de obter rapidamente resultados de cruzamento e mutação entre pares arbitrários de inteiros que são consistentes com os das cadeias binárias.

Para a operação de cruzamento, propomos uma *tabela de pesquisa de cruzamento (Crossover Lookup Table - CLT).* LLTrata-se de uma tabela 2 *x* 2, em que cada entrada é um par de números inteiros correspondente ao resultado do cruzamento de um determinado par de números inteiros. cO ponto de cruzamento *l* é gerado aleatoriamente no intervalo de [1 ,*p* - 1]. Note-se que, do ponto de vista de uma cadeia de inteiros, o ponto de cruzamento só está localizado na zona de fronteira de dois inteiros vizinhos ou dentro de um único inteiro. No primeiro caso, dois inteiros

	0	1	2	3
0	(0,0)	(1,0)	(2,0)	(1,2)
1	(0,1)	(1,1)	(0,3)	(1,3)
2	(2,0)	(3,0)	(2,2)	(3,2)
3	(2,1)	(3,1)	(2,3)	(3,3)

Tabela 1: Tabela de pesquisa de cruzamento (*identificador* = 1, *L* = 2)

As cadeias de caracteres podem ser cruzadas diretamente da mesma forma que as cadeias de caracteres binárias. Neste último caso, todos os números inteiros a seguir àquele em que se encontra o locus de cruzamento podem ser cruzados da mesma forma que as cadeias binárias. O resultado do cruzamento do par de números em que se encontra o lugar geométrico do cruzamento pode ser determinado consultando a tabela de pesquisa de cruzamentos *correspondente* com base no valor de (*lc mod L*). Uma vez que existem *L* - 1 pontos de cruzamento diferentes num número inteiro, é necessário pré-calcular *L* - 1 tabelas de cruzamento diferentes. Cada tabela é identificada exclusivamente por um número inteiro *i E* [1 ,*L* - 1]. A Tabela 1 mostra um exemplo de um TTC com identificador = 1 quando *L* = 2. A Figura 13 é um exemplo da intersecção de dois inteiros utilizando o TTC dado na Tabela 1. ndNeste exemplo, *lc* = 3, o que significa que o ponto de intersecção está dentro do número inteiro 2 . ndProcura-se um TTC adequado (o TTC com *identificador* = 1, *L* = 2, como indicado na Tabela 1, é utilizado) e o resultado do cruzamento para o par de números inteiros (1,2), ou *seja,* (0,3), é encontrado na tabela para efetuar o cruzamento para o par de números inteiros 2.

Para o processo de mutação, quantificamos a *tabela de probabilidades de transição de mutação (MTPT).* LLTrata-se também de uma tabela com as dimensões 2 *x* 2 , em que cada entrada representa a probabilidade de mutação de um número inteiro para outro. Um número inteiro sofre uma mutação para outro com base na sua probabilidade de transição a partir desse número inteiro. $^{l}{}_{mm}{}^{(L-l)}$Supondo que dois números inteiros *a* e *b diferem* nas suas representações binárias em *l* bits (0 < *l* < *L* <*p*), a probabilidade de transição de *a* para *b*, denotada por *P r*(*a, b*), é calculada como *P r*(*a, b*) = *p* (1 - *p*) . Em contraste com a CLT, existe apenas um MTPT possível que deve ser pré-calculado para um dado <*p* e *L*. Um exemplo simples deve ilustrar

como o

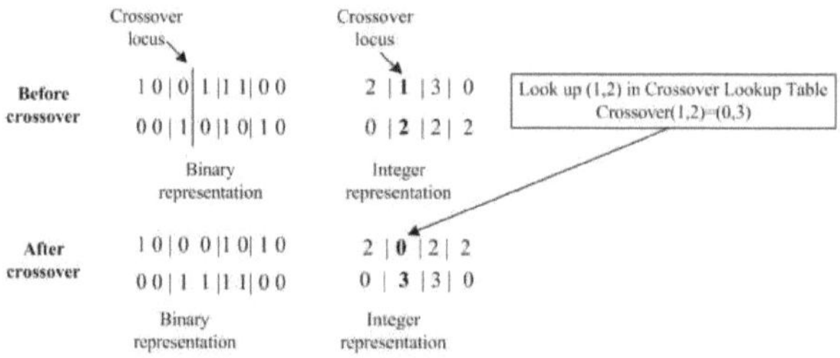

Figura 13: Um exemplo de cruzamento para duas cadeias de números inteiros (com *y* = 8, *L* = 2, l_c = 3), onde se calcula a probabilidade de mutação de dois números inteiros. Supondo que *L* = 2 e p_m = 0,1, temos de calcular a probabilidade de mutação do número inteiro 2 para o número inteiro 3. -[1]Como eles só diferem num bit na sua representação binária, *Pr*(2, 3) pode ser calculado como $Pr(2, 3) = 0,1_1 - (1 - 0,1)_2 = 0,09$.

No caso possível de <*p* não ser divisível por *L* (ou seja, *mod(<p, L)* = 0), é efectuado um tratamento especial para a intersecção e mutação do *último par de inteiros* da cadeia. Isto deve-se ao facto de restarem menos de *L* bits binários para representar este último número inteiro. Na operação de cruzamento, se o locus de cruzamento estiver dentro do último inteiro, são implicitamente adicionados (*L - <p mod L*) bits adicionais de 0 à cadeia binária mais à esquerda do último inteiro, e a tabela de pesquisa de cruzamento com o identificador (*lc mod L+L - <p mod L*) é procurada para o resultado do cruzamento do último par de inteiros na cadeia. ^{L0}Para a operação de mutação, o último número inteiro está sujeito à restrição de só poder ser mutado para números inteiros no intervalo [0, 2], em que *L'* é o número de bits que representam o último número inteiro e *L'* = $_{ip}$ *mod L*, cujas probabilidades de cruzamento podem ser facilmente derivadas da tabela existente de probabilidades de cruzamento de mutações.

Utilizando uma representação de números inteiros mais curta para os subespaços no MOGA, podemos obter uma melhoria de desempenho de cerca de £ vezes nas operações genéticas para dados de fluxo *y-dimensional* quando cada número inteiro na cadeia é representado por *L* bits binários. O CLT e o MTPT pré-computados contribuem para um ganho de desempenho notável do cruzamento e da mutação no MOGA, convertendo-os em operações de pesquisa simples a partir de tabelas de pesquisa sem a conversão frequente e imediata entre cadeias inteiras e binárias.

O Dr. John Mchugh sugere outro método para efetuar o crossover, também sem utilizar a tabela de pesquisa. Este método é descrito na nota de rodapé abaixo. [1]

5.7 Pensamento de elite

Como já foi referido, ao criar uma nova população através de cruzamentos e mutações, existe uma grande probabilidade de os melhores subespaços encontrados na geração anterior se perderem devido à aleatoriedade da evolução. Por isso, para além do método de seleção baseado em Pareto, também usamos o método de elitismo para obter uma população de subespaços continuamente melhorada. Usamos o método do arquivo para implementar o elitismo no SPOT.

Na nossa estratégia de elitismo, o melhor ou alguns dos melhores subespaços são copiados diretamente para a nova população, juntamente com outros novos indivíduos gerados a partir do pool de acasalamento. No MOGA, as soluções não dominadas são consideradas as melhores soluções. O resto da população é formado a partir de soluções dominadas por um método de seleção baseado em Pareto, se o número de soluções não dominadas não exceder o tamanho da população *P*.

Além disso, todas as soluções obtidas no AG em diferentes gerações são armazenadas num arquivo externo. Na implementação atual do SPOT, não há limite para o arquivo no qual todas as soluções obtidas no AG são armazenadas. A razão para isso é que o espaço necessário para armazenar todas as soluções ainda é tolerável. Por exemplo, o tamanho do arquivo é apenas cerca de 600k se forem efectuadas 100 gerações no AG e o tamanho da população em cada geração for 50.

O elitismo é benéfico porque pode aumentar rapidamente o desempenho do MOGA, evitando a perda da(s) melhor(es) solução(ões) encontrada(s).

---

[1] Seja L' o número de dimensões. Seja L' "arredondado" para um múltiplo do comprimento de palavra W, de modo a que os candidatos r e s sejam preenchidos com zeros à esquerda para ocupar 2L cadeias de bits, que são representadas em matrizes A e B de tamanho L/W. & é bit a bit e, | é bit a bit ou, ! é complemento bit a bit.

Passo 1 Selecionar um ponto de passagem C em 1...L';

Passo 2 Se ((x = C rem W) != 0) {

II = C / W //o índice da palavra de cruzamento em A, e B cria uma máscara em que x bits na parte menos significativa são postos a 1;

a = A(i) & mask; b = B(i) & mask; a = a xor b; b = a xor b; a = a xor b //troca os bits de ordem inferior

mask = ! mask // Máscara complementar de modo a que os bits altos sejam agora 1s

A(i) = A(i) & máscara; B(i) = B(i) & máscara; A(i) = A(i) | a; B(i) = B(i) | b;

C = C-1 // primeira palavra inteira a trocar; }

Passo 3. for (i=C; i^=0; i-) { A(i) = A(i) xor B(i); B(i) = A(i) xor B(i); A(i) = A(i) xor B(i); }

5.8 Preservar a diversidade

No SPOT, o método baseado em grelha é utilizado para obter a diversidade de indivíduos na população. Em comparação com o método da função kernel e o método do vizinho mais próximo, o método baseado em grelha não necessita de calcular a distância uniforme entre todos os indivíduos da população e a sua complexidade é da ordem linear do número de indivíduos da população. Consequentemente, o método baseado em grelha é mais eficiente do que os outros dois métodos, cuja complexidade na estimativa da densidade local é da ordem quadrática do número de indivíduos.

É de notar que o hipercubo aqui utilizado para preservar a diversidade dos indivíduos não é o mesmo hipercubo utilizado para processar os dados originais. O hipercubo aqui utilizado é gerado no espaço alvo para efetuar a estimativa da densidade local dos vectores alvo, enquanto o hipercubo utilizado para processar os dados originais é gerado no espaço de decisão para facilitar o cálculo dos vectores alvo. Para distinguir o hipercubo para o processamento dos dados originais, que é designado por *H*, referimo-nos aqui ao hipercubo para a estimativa da densidade local como H . Uma vez que optimizamos três alvos no SPOT, precisamos de criar um hipercubo tridimensional *H* no espaço dos alvos. Cada vetor tridimensional da função objetivo penalizada *f* é atribuído a uma célula correspondente em *H* . A densidade de cada célula em H , denotada como *densidade*(*c*), é quantificada como

$$f^{niche} = f' \cdot (1 + \frac{density(c)}{P}),\ f' \in c, c \in H' \quad (21)$$

N a equação (21), é adicionado um termo de penalização, ~~py(c)~~, à função objetivo já penalizada *f* para ter em conta o mecanismo de nicho.

Uma vez que a função objetivo penalizada *f* é inerentemente um vetor, a Eq. (21) é equivalente às seguintes equações:

$$f^{niche}_{RD}(D_t, s) = f_{RD}(D_t, s)'(1 + \frac{density(c)}{P})$$

$$f^{niche}_{IRSD}(D_t, s) = f_{IRSD}(D_t, s)'(1 + \frac{density(c)}{P})$$

$$f^{niche}_{IkRD}(D_t, s) = f_{IkRD}(D_t, s)'(1 + \frac{density(c)}{P})$$

$$\text{where } \{f_{RD}(D_t, s)', f_{IRSD}(D_t, s)', f_{IkRD}(D_t, s)'\} \in c, c \in H' \quad (22)$$

MOGA will search in the space lattice for those subspaces with optimized f^{niche}_{RD}, f^{niche}_{IRSD} and f^{niche}_{IkRD} values.

5.9 Algoritmo do MOGA

O algoritmo MOGA é apresentado na Figura 14. As principais diferenças entre o MOGA e o AG de objetivo único encontram-se nas etapas 5 a 8. Na etapa 5, as funções de Niching penalizadas para RD, IRSD e IkRD são calculadas para cada subespaço na população da geração atual. As melhores soluções (ou *seja,* não dominadas) da geração atual são *armazenadas* no *conjunto de soluções* na etapa 6. A aptidão baseada na classificação de Pareto é calculada na etapa 7 para todas as soluções da população. Nas etapas 8-10, a população para a geração seguinte é gerada através do cruzamento e mutação de um conjunto selecionado de boas soluções da geração atual.

Algoritmo: MOGA(*D*, *Ns*, *PS*)

Entrada: Conjunto de dados *D*, número de subespaços esparsos de topo *Ns* a obter e conjunto de parâmetros *PS* do algoritmo genético, incluindo o tamanho da população *P* , a probabilidade de cruzamento *pc* , a probabilidade de mutação *pm*.

Resultado: *Ns* melhores subespaços esparsos de *D*.

1. *SolutionSet* ^ *0*;
2. *Spop* ^ população inicial de subespaços *P;*
3. WHILE (evolution_stop_criterion=False) DO *{*
4. Para cada indivíduo *s* em *Spop* FAZER *{*
5. Comp_RD(*D, s*); Comp_IRSD(*D, s*); Comp_IkRD(*D, s*) *}*
6. *Conjunto de soluções* ^ *Conjunto de soluçõesU* Non_dominated_solutions(*Spop*);
7. Comp_ParetoFitness(*Spop*);
8. *Spop* ^ Seleção(*Spop, conjunto de soluções*);

9* $S_{(}S,p_{pop}$ ^ Crossover $_{pop}$ c)'

10\. ($_{Spop}$ ^ Mutação $_{Spop,\ pm}$); }

11\. Devolve os *Ns* principais indivíduos do *SolutionSet*;

Figura 14: Algoritmo MOGA

5.10 Resumo

Os Algoritmos Evolutivos Multiobjectivo (MOEA) são técnicas que se adequam bem à resolução de problemas de pesquisa/otimização multiobjectivo. Dada a natureza multiobjectivo do problema da procura de subespaços divergentes na construção de *US* e *SS,* o Algoritmo Genético Multiobjectivo (MOGA), uma subclasse de MOEAs, é utilizado no SPOT. Nesta secção, começamos por dar uma visão geral dos MOEAs e, em seguida, discutimos uma conceção ad hoc do MOGA no SPOT para procurar subespaços remotos. Foram abordadas várias questões importantes sobre o MOGA, incluindo a especificação da função objetivo, a escolha do operador de pesquisa e do operador de seleção, e as estratégias utilizadas para o elitismo e para melhorar a diversidade individual.

6 Conclusões

6.1 Resumo da investigação

Embora o problema da deteção de valores atípicos tenha sido intensamente estudado nos últimos anos, o problema da deteção de valores atípicos em fluxos de dados de elevada dimensão raramente foi investigado. Os actuais métodos de deteção de anomalias são difíceis quando se trata de encontrar anomalias projectadas no contexto de fluxos de dados, uma vez que se limitam apenas a dados de baixa dimensão (baseando-se na análise da dimensionalidade total) ou são incapazes de atualizar incrementalmente o modelo de deteção para fluxos de dados em tempo real. Tanto quanto sabemos, há pouca investigação na literatura que aborde especificamente este problema de investigação.

Esta investigação é motivada pelas propriedades únicas dos dados num espaço de elevada dimensão. Devido à maldição da dimensionalidade, os valores atípicos nos conjuntos de dados de alta dimensão (incluindo os fluxos de dados) estão integrados nestes subespaços de baixa dimensão. Estes outliers que existem no espaço de dados de alta dimensão são chamados outliers projectados. Neste livro, introduzimos e formulamos formalmente o problema da deteção de outliers projectados para fluxos de dados multidimensionais e de alta dimensão. Para resolver este problema, introduzimos uma nova técnica, o Stream Projected Outlier deTector (SPOT).

O SPOT usa uma sinopse de dados compacta, incluindo BCS e PCS, para capturar os dados estatísticos necessários para a deteção de outlier. Ambos podem ser eficientemente calculados e geridos, permitindo que o SPOT cumpra a restrição de passagem única e a criticidade de tempo das aplicações de fluxo de dados.

Dada a dificuldade inerente à NP de detetar outliers projectados em fluxos de dados de elevada dimensão, construímos o Sparse Subspace Template (SST) no SPOT para detetar outliers projectados. Esperamos que o SST seja capaz de conter os principais subespaços nos quais a maioria dos outliers projectados estão inseridos. Para atingir este objetivo, o SST consiste num conjunto de grupos de subespaços complementares que, em conjunto, contribuem para uma deteção eficaz de anomalias projectadas. A componente fixa do subespaço SST (*FS*) no SST abrange toda a grelha espacial, cuja dimensionalidade é limitada pelo limite superior de *MaxDimension. O FS* tenta definir a linha de base para o desempenho de deteção do SPOT. Os Subespaços SST Não Supervisionados (*US*) e os Subespaços SST

Supervisionados (*SS*), os outros dois componentes do SST, encontram subespaços adicionais que não são cobertos pelo *FS*. Através do *US* e *SS*, o SPOT é capaz de suportar tanto a aprendizagem não supervisionada como a supervisionada para construir a SST, proporcionando a máxima flexibilidade ao utilizador.

Outra caraterística importante do SPOT reside na estratégia de pesquisa de outliers que utiliza para construir a SST, particularmente *US* e *SS*. Ao contrário da maioria dos outros métodos de deteção de outliers que medem a esparsidade dos pontos de dados usando um único critério, o SPOT usa uma estrutura mais flexível para usar várias medidas para a deteção de outliers. A utilização de múltiplas medidas é geralmente mais eficaz na medição da dispersão dos dados do que uma única medida. Além disso, o SPOT utiliza o Algoritmo Genético Multi-Objetivo (MOGA) como um método de pesquisa eficaz para encontrar subespaços capazes de otimizar estes critérios de outlier. Neste livro, apresentámos a conceção ad hoc do MOGA sob os aspectos das funções objetivo/aptidão, da representação individual, da operação de seleção, da operação de pesquisa, do elitismo e da preservação da diversidade das soluções.

Neste livro, realizámos uma vasta gama de experiências para avaliar o desempenho do SPOT. São utilizados dois conjuntos de dados sintéticos e quatro conjuntos de dados reais para as avaliações experimentais. Dois estudos de caso detalhados são conduzidos na avaliação do desempenho, nomeadamente, a deteção de anomalias em redes sem fios do MIT e a deteção de anomalias no KDD CUP'99. Foram desenvolvidas interfaces para facilitar a utilização do SPOT nestas aplicações, colmatando a lacuna entre a funcionalidade do SPOT e os objectivos específicos da aplicação. Os resultados experimentais mostram que o SPOT é eficiente e eficaz na deteção de anomalias projectadas a partir de fluxos de dados de elevada dimensão e, de um modo geral, supera os métodos de deteção de anomalias relacionados com o histograma, a função kernel, a métrica baseada na densidade e a análise de agrupamento.

6.2 Restrições do SPOT

Apesar das suas vantagens, o SPOT tem ainda algumas limitações. Estas limitações são resumidas a seguir.

- Uma vez que existem normalmente vários milhares de subespaços na SST onde o SPOT tem de analisar todos os dados no fluxo de dados, não é surpreendente que o SPOT seja visivelmente mais lento do que a maioria dos outros métodos tradicionais de deteção de outliers, que apenas analisam os dados em todo o espaço ou num único espaço definido pelo utilizador. Ao determinar o tamanho do SST, enfrentamos um dilema: um SST mais pequeno leva a uma velocidade de processamento mais rápida, mas acarreta um risco maior de não detetar os verdadeiros outliers, e vice-versa. Felizmente, a maioria dos valores atípicos está integrada nos subespaços de baixa dimensão, pelo que uma SST razoável (por exemplo, *M axidimension* = 3 e *\US* + *|SS|G* [100, 500]) pode fornecer bons resultados. No entanto, esta continua a ser, em grande medida, uma abordagem puramente heurística, sem qualquer garantia teórica de desempenho;

- Outra dificuldade na determinação de uma boa dimensão do SST é o facto de um SST grande colocar mais pressão sobre o SPOT e conduzir a uma taxa elevada de falsos positivos, embora a taxa de reconhecimento possa ser muito elevada. Este problema pode ser resolvido em grande medida para o SPOT se existirem espécimes etiquetados, com base nos quais pode ser criada uma tabela de pesquisa de assinaturas no subespaço e pode ser efectuada uma redução dos falsos positivos. No entanto, na ausência de espécimes etiquetados, ainda não existem métodos eficazes para rejeitar automaticamente os falsos positivos para o SPOT. A solução para este problema depende de um certo nível de conhecimento do domínio para identificar os verdadeiros anómalos entre as anomalias detectadas. Por conseguinte, este problema não pode ser resolvido unicamente através da melhoria do próprio SPOT, sem recorrer a conhecimentos externos.
- O SPOT foi desenvolvido para reconhecer pontos discrepantes em conjuntos de dados de tipo vetorial. Só é capaz de lidar com conjuntos de dados bem estruturados, como bases de dados relacionais e fluxos de dados. Não pode ser aplicado a outros conjuntos de dados não estruturados ou semi-estruturados, como os dados TCP dump ou os dados XML.

6.3 Investigação futura

No final desta subsecção, gostaríamos de destacar algumas potenciais direcções de investigação para a deteção de outliers com o SPOT no futuro.

6.3.1 Ajustamento da SST

Na implementação atual do SPOT, utilizamos um SST de tamanho fixo para todo o processo de deteção. O tamanho da SST permanece inalterado após a sua criação na fase de treino. No entanto, é possível que alguns dos subespaços no SST, especialmente no *FS*, sejam subespaços não remotos ou que alguns subespaços remotos se tornem subespaços não remotos ao longo do tempo. Um possível trabalho de investigação futuro é desenvolver um mecanismo para adaptar automaticamente a SST de modo a conter apenas os subespaços não remotos em qualquer altura. Isto teria duas vantagens. Em primeiro lugar, a dimensão da SST pode ser muito reduzida. Isto significa que é necessário menos esforço e espaço computacional. Em segundo lugar, isto pode ajudar a reduzir a pressão para produzir um grande número de falsos positivos quando a categorização de falsos positivos é impossível.

6.3.2 Otimização do tamanho da partição *8*

Um parâmetro importante no SPOT é o *8, o* número de intervalos em que cada dimensão de dados é dividida. Este parâmetro determina a granularidade das células do hipercubo que criámos. Para simplificar, assumimos que cada dimensão é dividida num número igual de intervalos de igual comprimento. A especificação de *8* requer uma análise cuidadosa. Por um lado, o número de intervalos de partição não deve ser demasiado pequeno, caso contrário, as células dos subespaços de baixa dimensão não terão geralmente uma quantidade de dados estatisticamente significativa. Uma quantidade de dados estatisticamente suficiente garante que a densidade e o desvio-padrão das células de base povoadas (com base nas quais são definidos RD, IRSD e IkRD) servem como medidas exactas da dispersão dos dados na célula para efeitos de deteção de anomalias. Por outro lado, cada célula deve formar uma vizinhança razoável para os pontos de dados, razão pela qual o particionamento não deve ser demasiado grosseiro. Por conseguinte, o método de otimização é desenvolvido para determinar *8.*

6.3.3 Deteção distribuída de anomalias com o SPOT

A maioria dos métodos de deteção de anomalias, incluindo o SPOT, funciona em modo de nó único. Por outras palavras, o detetor de anomalias funciona num ambiente onde pode processar todos os fluxos de dados a analisar. No entanto, em algumas aplicações, como as redes de sensores, é necessário implementar o SPOT num modo distribuído, em que o SPOT é implementado em sensores distribuídos. Neste caso, cada instância do SPOT só pode processar os fluxos de dados que o sensor recolhe. É necessário que os resultados da deteção do SPOT implantado em nós distribuídos sejam idênticos aos resultados quando o SPOT é implantado num nó centralizado que pode ver a confluência de todos os fluxos de dados. O principal desafio é que cada nó distribuído deve ter uma sinopse global, e não apenas local, dos dados do PCS para poder detetar com precisão os outliers globais com o SPOT. Estamos interessados em investigar este problema no futuro e em desenvolver um mecanismo para uma deteção eficiente e eficaz de anomalias com o SPOT num ambiente distribuído.

Referências

[1] C. C. Aggarwal. On Abnormality Detection in Spuriously Populated Data Streams [Sobre a deteção de anormalidades em fluxos de dados com população espúria]. SIAM International Conference on Data Mining (SDM'05), Newport Beach, CA, 2005.

[2] B. Abraham e G. E. P. Box. Bayesian analysis of some outlier problems in time series. *Biometrika* 66, 2, 229-236, 1979.

[3] A. Arasu, B. Babcock, S. Babu, M. Datar, K. Ito, I. Nishizawa, J. Rosenstein e J. Widom. STREAM: The Stanford Stream Data Manager, *SIGMOD'03*, 2003.

[4] B. Abraham e A. Chuang. Outlier detection and time series modelling. *Technometrics* 31, 2, 241-248, 1989.

[5] D. Anderson, T. Frivold, A. Tamaru e A. Valdes. Next-generation intrusion detection expert system (nides), guia do utilizador do software, versão de atualização beta. *Relatório técnico*, Computer Science Laboratory, SRI International, 1994.

[6] R. Agrawal, J. Gehrke, D. Gunopulos e P. Raghavan. Agrupamento automático de subespaços de dados de elevada dimensão para aplicações de extração de dados. In Proc. of *1998 ACM SIGMOD International Conference on Management of Data (SIGMOD'98)*, pp. 94-105, 1998.

[7] R. Agrawal, J. Gehrke, D. Gunopulos e P. Raghavan. Automatic Subspace Clustering of High Dimensional Data Mining Application. Nos procedimentos da *ACM SIGMOD'99*, Filadélfia, PA, EUA, 1999.

[8] C. C. Aggarwal, J. Han, J. Wang, P. S. Yu: A Framework for Clus tering Evolving Data Streams. In Proc. of *29th Very Large Data Bases (VLDB'03)*, pp 81-92, Berlim, Alemanha, 2003.

[9] C. C. Aggarwal, J. Han, J. Wang, P. S. Yu. A Framework for Projected Clustering of High Dimensional Data Streams (Uma estrutura para agrupamento projetado de fluxos de dados de alta dimensão). In Proc. of *30th Very Large Data Bases (VLDB'04)*, pp 852-863, Toronto, Canadá, 2004.

[10] F. Angiulli e C. Pizzuti. Fast Outlier Detection in High Dimensional Spaces. In Proc. of

6th European Conference on Principles and Practice of Knowledge Discovery in Databases (PKDD'02), Helsínquia, Finlândia, pp. 15-26, 2002.

[11] C. C. Aggarwal, C. M. Procopiuc, J. L. Wolf, P. S. Yu e J. S. Park. Fast algorithms for projected clustering. In Proc. of *1999 ACM SIGMOD International Conference on Management of Data (SIGMOD'99)*, pp. 61-72, 1999.

[12] D. Anderson, A. Tamaru, e A. Valdes. Deteção de comportamento invulgar de programas utilizando os componentes estatísticos do NIDES. *Relatório técnico*, Computer Science Laboratory, SRI International, 1995.

[13] C. C. Aggarwal e P. Yu. Finding generalised projected clusters in high dimensional spaces. In Proc. of *2000 ACM SIGMOD International Conference on Management of Data (SIGMOD'00)*, pp. 70-81, 2000.

[14] C. C. Aggarwal e P. S. Yu. Outlier detection in high-dimensional data. In Proc. of *2001 ACM SIGMOD International Conference on Management of Data (SIGMOD'01)*, Santa Barbara, California, USA, 2001.

[15] Charu C. Aggarwal e Philip S. Yu. 2005. An effective and efficient algorithm for high-dimensional outlier detection. *VLDB Journal*, 14: 211-221, Springer-Verlag.

[16] Daniel Barbara. 2002. Requisitos para o agrupamento de fluxos de dados. *ACM SIGKDD Explorations Newsletter*, vol. 3, número 2, 23 - 27, ACM Press.

[17] R.E. Bellman. *Dynamic Programming*. Princeton University Press, Princeton, NJ, 1957.

[18] V. Barnett. The ordering of multivariate data (with discussion). *Journal of the Royal Statistical Society*. Série A 139, 318-354, 1976.

[19] C. Bishop. Deteção de novidades e validação de redes neurais. Em Proceedings of *IEEE Vision, Image and Signal Processing*, Vol. 141. 217-222, 1994.

[20] M. Balazinska e P. Castro: Caracterização da mobilidade e da utilização da rede numa rede local empresarial sem fios. *MobiSys*, 2003.

[21] R. J. Beckman e R. D. Cook. Outliers. *Technometrics* 25, 2, 119-149, 1983.

[22] S. T. Brugger e J. Chow. An Evaluation of the DARPA IDS Evaluation Dataset with Snort. *Relatório técnico* CSE-2007-1, Universidade da Califórnia, Davis, Departamento de Ciência da Computação, Davis, CA, 2007.

[23] C. Bohm, C. Faloutsos e C. Plant. Agrupamento à prova de outlier com componentes independentes. *SIGMOD'08*, 185-198, 2008.

[24] K. Beyer, J. Goldstein, R. Ramakrishnan e U. Shaft. Quando é que o vizinho mais próximo é útil? In Proc. of *7th International Conference on Database Theory (ICDT'99)*, pp. 217-235, Jerusalém, Israel, 1999.

[25] M. M. Breunig, H-P Kriegel, R. T. Ng e J. Sander. OPTICS-OF: Identificação de valores anómalos locais. *PKDD'99*, 262-270, 1999.

[26] M. Breuning, H-P. Kriegel, R. Ng e J. Sander. LOF: Identificação de outliers locais baseados em densidade. In Proc. of *2000 ACM SIGMOD International Conference on Management of Data (SIGMOD'00)*, Dallas, Texas, pp. 93-104, 2000.

[27] N. Beckmann, H.-P. Kriegel, R. Schneider, e B. Seeger. The *R*-tree*: an efficient and robust access method for points and rectangles. In Proc. of *1990 ACM SIGMOD International Conference on Management of Data (SIGMOD'90)*, pp. 322-331, Atlantic City, NJ,1990.

[28] V. Barnett e T. Lewis. *Outliers in statistical data.* John Wiley, 3ª edição, 1994.

[29] L. Boudjeloud e F. Poulet. Visual Interactive Evolutionary Algorithm for High Dimensional Data Clustering and Outlier Detection [Algoritmo evolutivo visual interativo para agrupamento de dados de elevada dimensão e deteção de anomalias]. In Proc. of *9th Pacific-Asia Conference on Advances in Knowledge Discovery and Data Mining (PAKDD'05)*, Hanoi, Vietnam, pp426-431, 2005.

[30] Branch, J. Szymanski, B. Giannella, C. Ran Wolff Kargupta, H. n- Network Outlier Detection in Wireless Sensor Networks. Em Proc. de. *26ª Conferência Internacional do IEEE sobre Sistemas de Computação Distribuída (ICDCS)*, 2006.

[31] H. Cui. Online outlier detection using data streams. *Tese de mestrado*, Universidade Simon Fraser, 2002.

[32] D. Chakrabarti. Autopart: Particionamento de grafos sem parâmetros e deteção de outlier. Em *PKDD'04*, páginas 112-124, 2004.

[33] V. Chandola, A. Banerjee, e V. Kumar. Outlier Detection-A Survey, *Relatório Técnico*, TR 07-017, Departamento de Ciência e Engenharia da Computação, Universidade de Minnesota, 2007.

[34] C. Chow e D. Y. Yeung. Detectores de intrusão em redes de janelas de Parzen. In

Proceedings of *the 16th International Conference on Pattern Recognition*, Vol. 4, Washington, DC, EUA, 40385, 2002.

[35] D. E. Denning. Um modelo para deteção de intrusão. *IEEE Transactions of Software Engineering* 13, 2, 222-232, 1987.

[36] K. Deb, S. Agrawal, A. Pratap e T. Meyarivan. Um algoritmo genético elitista rápido de ordenação não dominada para otimização multiobjectivo: NSGA-II. *Parallel Problem Solving from Nature* (PPSN VI), páginas 849858, Berlim, 2000.

[37] J. Davis e M. Goadrich. The relationship between precision-recall and ROC curves. *Conferência Internacional sobre Aprendizagem Automática (ICM-L'06)*, 233-240, 2006.

[38] M. Desforges, P. Jacob e J. Cooper. Aplicações da estimativa da densidade de probabilidade à deteção de condições anómalas em engenharia. Em Proceedings of *Institute of Mechanical Engineers*, Vol. 212. 687-703, 1998.

[39] D. Dasgupta e F. Nino. Uma comparação de algoritmos de seleção negativa e positiva na deteção de novos padrões. In Proceedings of *the IEEE International Conference on Systems, Man, and Cybernetics*, Vol. 1. Nashville, TN, 125-130, 2000.

[40] K. Das e J. G. Schneider: Reconhecer registos anómalos em conjuntos de dados categóricos. *KDD'07*, 220-229, 2007.

[41] E. Eskin. Anomaly detection on noisy data using learnt probability distributions (Deteção de anomalias em dados ruidosos utilizando distribuições de probabilidade aprendidas). In Proceedings of *the Seventeenth International Conference on Machine Learning (ICML)*. Morgan Kaufmann Publishers Inc, 2000.

[42] D. Endler. Intrusion Detection: Applying machine learning to solaris audit data. Em Proceedings of the *14th Annual Computer Security Applications Conference*, 268, 1998.

[43] E. Eskin, A. Arnold, M. Prerau, L. Portnoy e S. Stolfo. A geometric framework for unsupervised anomaly detection: Detecting Intrusions in Unlabelled Data. *Applications of Data Mining in Computer Security*, 2002.

[44] M. Ester, H-P Kriegel, J. Sander e X. Xu. A Density-based Algorithm for Discovering Clusters in Large Spatial Databases with Noise" (Um algoritmo baseado na densidade para descobrir grupos em grandes bases de dados espaciais com ruído). In proceedings of *2nd International Conference on Knowledge Discovery and Data Mining (KDD'96)*, Portland, Oregon, USA, 1996.

[45] E. Eskinand e S. Stolfo. Modelação da chamada do sistema para deteção de intrusões utilizando tamanhos de janela dinâmicos. Em Proceedings of *DARPA Information Survivability Conference and Exposition*, 2001.

[46] A. J. Fox. Outliers in time series. *Journal of the Royal Statistical Society*, Series B (Methodological) 34, 3, 350-363, 1972.

[47] M. P. Fourman. Compactação de layout simbólico usando algoritmos genéticos. In Proceedings of *International Conference on Genetic Algorithms and Their Applications*, páginas 141-153, Pittsburgh, PA, 1985.

[48] C. M. Fonseca e P. J. Fleming. Genetic algorithms for multi-objective optimisation: formulation, discussion and generalisation. In Proceedings of *the Fifth International Conference on Genetic Algorithms*, páginas 416-423, San Mateo, Califórnia, 1993.

[49] T. Fawcett. e F. Provost. Activity monitoring: noticing interesting changes in behaviour. In Proceedings of the 5th *ACM SIGKDD International Conference on Knowledge Discovery and Data Mining*, 53-62, 1999.

[50] D. Freedman, R. Pisani e R. Purves. *Statistics*, W. W. Norton, Nova Iorque, 1978.

[51] F. O método de Grubb para a determinação de observações desviantes em amostras. *Technometrics* 11, 1, 1-21, 1969.

[52] D. E. Goldberg. *Genetic Algorithms in Search, Optimisation, and Machine Learning*. Addison-Wesley, Reading, Massachusetts, 1989.

[53] S. Guttormsson, R. M. II, e M. El-Sharkawi. Agrupamento de novidades elípticas para deteção on-line de curtas rotações em rotores excitados. *IEEE Transactions on Energy Conversion* 14, 1, 1999.

[54] V. Ganti, R. Ramakrishnan, J. Gehrke, A. Powell e J. French. Clustering Large Datasets in Arbitrary Metric Spaces (Agrupamento de Grandes Conjuntos de Dados em Espaços Métricos Arbitrários). Em Proc.s da *15ª Conferência Internacional sobre Engenharia de Dados (ICDE'99)*, Sydney, Austrália, 1999.

[55] S. Guha, R. Rastogi, e K. Shim. CURE: Um algoritmo de agrupamento eficiente para grandes bases de dados. In Proceedings of *the 1998 ACM SIGMOD International Conference on Management of Data (SIGMOD'98)*, Seattle, WA, USA, 1998.

[56] J. H. Holland. *Adaptation in Natural and Artificial Systems*. University of Michigan

Press, Ann Arbor MI, 1975.

[57] D. Hawkins. *Identification of Outliers*. Chapman and Hall, Londres, 1980.

[58] P. Helman e J. Bhangoo. A statistically based system for prioritising information exploration under uncertainty. In *IEEE International Conference on Systems, Man, and Cybernetics*, Vol. 27, 449-466, 1997.

[59] P. S. Horn, L. Feng, Y. Li e A. J. Pesce. Effects of outliers and unhealthy individuals on the estimation of reference intervals. *Clinical Chemistry* 47, 12, 2137-2145, 2001.

[60] J. Han e M. Kamber. *Data Mining: Concepts and Techniques*. Morgan Kaufman Publishers, 2000.

[61] A. Hinneburg, e D.A. Keim. Uma abordagem eficiente para clusters em grandes bases de dados multimédia com ruído. *KDD'98*, 1998.

[62] P. Hajela e C.-Y. Lin. Genetic search strategies in multiobjective optimal design. *Structural Optimisation*, 4:99-107, 1992.

[63] J. Horn, N. Nafpliotis, e D. E. Goldberg. A niched pareto genetic algorithm for multiobjective optimisation. In Proceedings of *the First IEEE Conference on Evolutionary Computation*, volume 1, páginas 82-87, Piscataway, NJ, 1994. IEEE Press.

[64] H. Ishibuchi e T. Murata. Algoritmo de pesquisa local genética multi-objetivo. In Proceedings of *1996 IEEE International Conference on Evolutionary Computation (ICEC'96)*, pages 119-124, Piscataway, NJ, 1996. IEEE Press.

[65] K. A. De Jong. Analysis of the Behaviour of a Class of Genetic Adaptive Systems (Análise do comportamento de uma classe de sistemas genéticos adaptativos). *Dissertação*, Universidade de Michigan, Ann Arbor, MI, 1975.

[66] W. Jin, A. K. H. Tung e J. Han. Finding Top n Local Outliers in Large Database. In Proc. of *7th ACM International Conference on Knowledge Discovery and Data Mining (SIGKDD'01)*, San Francisco, CA, pp 293298, 2001.

[67] W. Jin, A. K. H. Tung, J. Han e W. Wang: Classificação de outliers usando Symmetric Neighbourhood Relationship. *PAKDD'06*, 577-593, 2006.

[68] H. S. Javitz e A. Valdes. O detetor estatístico de anomalias SRI IDES. In Proceedings of *the 1991 IEEE Symposium on Research in Security and Privacy*, 1991.

[69] F. Kursawe. Uma variante das estratégias de evolução para a otimização vetorial. *Parallel Problem Solving from Nature*, páginas 193-197, Berlim, 1991. Springer.

[70] J. D. Knowles e D. W. Corne. A estratégia de evolução pareto-arquitetada: um novo algoritmo de base para a otimização multiobjectivo pareto. In *Congress on Evolutionary Computation (CEC99)*, volume 1, páginas 98-105, Piscataway, NJ, 1999.

[71] S. Kirkpatrick, C. D. Gelatt, M. P. Vecchi. Otimização por recozimento simulado. *Science* (220) (4589): Páginas 671-680, 1983.

[72] G. Karypis, E-H. Han, e V. Kumar. CHAMELEON: Um algoritmo de agrupamento hierárquico com modelação dinâmica. *IEEE Computer*, 32, páginas 68-75, 1999.

[73] C. Kruegel, D. Mutz, W. Robertson e F. Valeur. Classificação bayesiana de eventos para deteção de intrusões. In Proceedings of *the 19th Annual Computer Security Applications Conference*, 14, 2003.

[74] E. M. Knorr e R. T. Ng. Uma abordagem unificada para a busca de outliers. *CASCON'97*, 11, 1997.

[75] E. M. Knorr e R. T. Ng. Uma noção unificada de outliers: Properties and Computation. *KDD'97*, 219-222, 1997.

[76] E. M. Knorr e R. T. Ng. Algoritmos para mineração de outliers baseados em distância em grandes conjuntos de dados. In Proc. of *24th International Conference on Very Large Data Bases (VLDB'98)*, New York, NY, pp. 392-403, 1998.

[77] E. M. Knorr e R. T. Ng (1999). Encontrando conhecimento intencional de outliers baseados em distância. Em Proc. da *25ª Conferência Internacional sobre Bases de Dados Muito Grandes (VLDB'99)*, Edimburgo, Escócia, pp. 211-222, 1999.

[78] E. M. Knorr, R. T. Ng e V. Tucakov. Distance-based outliers: algorithms and applications. *VLDB Journal*, 8(3-4): 237-253, 2000.

[79] T. M. Khoshgoftaar, S. V. Nath e S. Zhong. Intrusion Detection in Wireless Networks using Clusterings Techniques with Expert Analysis [Deteção de intrusão em redes sem fio usando técnicas de agrupamento com análise especializada]. Actas da *Quarta Conferência Internacional sobre Aprendizagem Automática e Aplicações (ICMLA'05)*, Los Angeles, CA, EUA, 2005.

[80] L. Kaufman e P.J. Rousseeuw. *Finding Groups in Data: an Introduction to Cluster*

Analysis. John wiley&Sons, 1990.

[81] C. Kruegel, T. Toth, e E. Kirda. Service specific anomaly detection for network intrusion detection. In Proceedings of *the 2002 ACM Symposium on Applied computing*, 201-208, 2002.

[82] X. Li e J. Han: Mineração de anomalias aproximadas do subespaço Top-K em dados de séries temporais multidimensionais. *VLDB*, 447-458, 2007.

[83] J. Lee, J. Han e X. Li. Trajectory Outlier Detection: A Partition- and-Detect Framework. *ICDE'08*, 140-149, 2008.

[84] J. Laurikkala, M. Juholal, e E. Kentala. 2000. Identificação informal de valores anómalos em dados médicos. In *Fifth International Workshop on Intelligent Data Analysis in Medicine and Pharmacology*, 20-24, 2000.

[85] G. Manson. Identificação de características sensíveis aos danos e insensíveis ao ambiente para a deteção de danos. In Proceedings of the *IES Conference*. Swansea, Reino Unido, 2002.

[86] J. MacQueen. Alguns métodos de classificação e análise de observações multivariadas. In Proc. of *5th Berkeley Symp. Math. Statist, Prob.*, 1, páginas 281-297, 1967.

[87] M. V. Mahoney e P. K. Chan. Learning nonstationary models of normal network traffic for detecting novel attacks [Aprendizagem de modelos não estacionários de tráfego de rede normal para deteção de novos ataques]. In Proceedings of *the 8th ACM SIGKDD International Conference on Knowledge Discovery and Data Mining*, 376-385, 2002.

[88] G. Manson, G. Pierce e K. Worden. Sobre a estabilidade a longo prazo da condição normal para a deteção de danos num painel compósito. In Proceedings of the *4th International Conference on Damage Assessment of Structures*, Cardiff, UK, 2001.

[89] G. Manson, S. G. Pierce, K. Worden, T. Monnier, P. Guy e K. Atherton. Long-term stability of normal state data for novelty detection (Estabilidade a longo prazo de dados de estado normal para deteção de novidades). Em Proceedings of *Smart Structures and Integrated Systems*, 323-334, 2000.

[90] C. C. Noble e D. J. Cook. Graph-based anomaly detection. Em *KD- D'03*, páginas 631-636, 2003.

[91] R. Ng e J. Han. Efficient and Effective Clustering Methods for Spatial Data Mining. Nos anais da *20ª Conferência VLDB*, páginas 144155, 1994.

[92] L. O'Callaghan, N. Mishra, A. Meyerson, S. Guha e R. Mot- wani. Algoritmos de dados em fluxo contínuo para agrupamento de alta qualidade. In Proceedings of *the 18th International Conference on Data Engineering (ICDE'02)*, San Jose, California, USA, 2002.

[93] M. I. Petrovskiy. Algoritmos de deteção de valores atípicos em sistemas de extração de dados. *Programming and Computer Software*, Vol. 29, No. 4, pp. 228-237, 2003.

[94] E. Parzen. On the estimation of a probability density function and a mode. *Annals of Mathematical Statistics* 33, 1065-1076, 1962.

[95] S. Papadimitriou, H. Kitagawa, P. B. Gibbons e C. Faloutsos: LOCI: Fast Outlier Detection Using the Local Correlation Integral. *ICDE'03*, 315, 2003.

[96] S. Papadimitriou e C. Faloutsos. Cross-Outlier Detection. *SSTD'03*, 199-213, 2003.

[97] D. Pokrajac, A. Lazarevic, L. Latecki. Incremental Local Outlier Detection for Data Streams, *IEEE symposiums on computational Intelligence and Data Mining (CIDM'07)*, 504-515, Honolulu, Hawaii, USA, 2007.

[98] G. T. Parks e I. Miller. Reprodução selectiva num algoritmo genético multi-objetivo. *Parallel Problem Solving from Nature*, PPSN V, páginas 250259, Berlim, 1998.

[99] P. A. Porras e P. G. Neumann. EMERALD: Monitorização de eventos que permite respostas a perturbações anómalas em tempo real. Em Proceedings of *20th*

Conferência Nacional de Segurança dos Sistemas de Informação do NIST-NCSC, 353365, 1997.

[100] T. Palpanas, D. Papadopoulos, V. Kalogeraki, D. Gunopulos. Distributed deviation detection in sensor networks (Deteção distribuída de desvios em redes de sensores). *Registo SIGMOD* 32(4): 77-82, 2003.

[101] S. Ramaswamy, R. Rastogi e S. Kyuseok. Efficient Algorithms for Mining Outliers from Large Data Sets. In Proc. of *2000 ACM SIGMOD International Conference on Management of Data (SIGMOD'00)*, Dallas, Texas, pp. 427-438, 2000.

[102] J. D. Schaffer. Otimização de objectivos múltiplos com algoritmos genéticos avaliados por vectores. In Proceedings of *International Conference on Genetic Algorithms and Their Applications*, páginas 93-100, Pittsburgh, PA, 1985.

[103] B. W. Silverman. *Density estimation for statistics and data analysis*. Chapman and Hall, Londres, 1986.

[104] G. Sheikholeslami, S. Chatterjee e A. Zhang. WaveCluster: A Wavelet based Clustering Approach for Spatial Data in Very Large Database. *VLDB Journal*, vol.8 (3-4), páginas 289-304, 1999.

[105] N. Srinivas e K. Deb. Otimização multiobjectivo utilizando a ordenação não dominada em algoritmos genéticos. *Evolutionary Computation*, 2(3):221- 248, 1994.

[106] H. E. Solberg e A. Lahti. Deteção de valores anómalos em distribuições de referência: Performance of horn's algorithm. *Clinical Chemistry* 51, 12, 2326-2332, 2005.

[107] J. Sun, H. Qu, D. Chakrabarti e C. Faloutsos. Formação de Vizinhança e Deteção de Anomalias em Grafos Bipartidos. *ICDM'05*, 418-425, 2005.

[108] J. Sun, H. Qu, D. Chakrabarti e C. Faloutsos. Relevance search and anomaly detection in bipartite graphs (Pesquisa de relevância e deteção de anomalias em grafos bipartidos). *SIGKDD Explorations* 7(2): 48-55, 2005.

[109] I. A. Sarafis, P. W. Trinder e A. M. S. Zalzala. Towards Effective Subspace Clustering with an Evolutionary Algorithm. In Proc. of *2003 IEEE Congress on Evolutionary Computation*, Canberra, Australi a, 2003.

[110] L. Tarassenko. Novelty detection for the identification of masses in mammograms (Deteção de novidades para a identificação de massas em mamografias). In Proceedings of *the 4th IEEE International Conference on Artificial Neural Networks*, Vol. 4. Cambridge, UK, 442-447, 1995.

[111] J. Tang, Z. Chen, A. Fu, e D. W. Cheung. Enhancing Effectiveness of Outlier Detection for Low Density Patterns (Melhorando a Eficácia da Deteção de Outlier para Padrões de Baixa Densidade). Em Proc. da *6ª Conferência Pacífico-Ásia sobre Descoberta de Conhecimento e Mineração de Dados (PAKDD'02)*, Taipei, Taiwan, 2002.

[112] T. B. Tack, U. Hammel, e H.-P. Schwefel. Evolutionary Computation: Comments on the history and current state (Computação Evolutiva: Comentários sobre a história e o estado atual). *IEEE Transactions on Evolutionary Computation*, 1(1):3-17, 1997.

[113] W. Wang, J. Yang e R. Muntz. STING: A Statistical Information Grid Approach to Spatial Data Mining. Em Proceedings of *23rd VLDB Conference*, páginas 186-195, Athens, Green, 1997.

[114] W. Wang, J. Zhang e H. Wang. Grid-ODF: Deteção eficaz e eficiente de outliers em grandes bases de dados multidimensionais. In Proc. of *2005 International Conference on Computational Intelligence and Security (CIS'05)*, pp. 765-770, Xi'an, China, 2005.

[115] K. Yamanishi e J. I. Takeuchi. Descoberta de regras de filtragem de outliers a partir de dados não rotulados: combinação de um aprendiz supervisionado com um aprendiz não supervisionado. In Proceedings of *the 7th ACM SIGKDD International Conference on Knowledge Discovery and Data Mining*, 389-394, 2001.

[116] K. Yamanishi, J. Takeichi e G. Williams. On-Line Unsupervised Outlier Detection Using Finite Mixtures with Discounting Learning Algorithms. In Proc. of *2000 ACM SIGMOD International Conference on Management of Data (SIGMOD'00)*, Boston, pp. 320-324, 2000.

[117] K. Yamanishi, J. I. Takeuchi, G. Williams e P. Milne. On-line unsupervised outlier detection using finite mixtures with discounting learning algorithms. *Data Mining and Knowledge Discovery* 8, 275-300, 2004.

[118] C.T. Zahn. Graph-theoretic methods for recognising and describing shape clusters. *IEEE Transaction on Computing*, C-20, páginas 68-86, 1971.

[119] E. Zitzler, K. Deb, e L. Thiele. Comparação de algoritmos evolutivos multi-objetivo: Resultados empíricos. *Evolutionary Computation*, 8(2):173-195, 2000.

[120] J. Zhang, Q. Gao e H. Wang. Outlying Subspace Detection in High dimensional Space [Deteção de subespaço periférico em espaço de alta dimensão]. *Encyclopaedia of Database Technologies and Applications (2ª edição)*, Idea Group Publisher, 2009.

[121] J. Zhang e H. Wang. Detecting Outlying Subspaces for Highdimensional Data: the New Task, Algorithms and Performance. *Know ledge and Information Systems: An International Journal (KAIS)*, Springer-Verlag, 2006.

[122] J. Zhang, W. Hsu e M. L. Lee. Clustering in Dynamic Spatial Databases (Agrupamento em bases de dados espaciais dinâmicas). *Journal of Intelligent Information Systems (JIIS)* 24(1): 527, Kluwer Academic Publisher, 2005.

[123] C. Zhu, H. Kitagawa e C. Faloutsos. Example-Based Robust Outlier Detection in High Dimensional Datasets. In Proc. of *2005 IEEE International Conference on Data Management (ICDM'05)*, pp. 829-832, 2005.

[124] C. Zhu, H. Kitagawa, S. Papadimitriou e C. Faloutsos. OBE: outliers by example.

PAKDD'04, 222-234, 2004.

[125] S. Zhong, T. M. Khoshgoftaar e S. V. Nath. Uma abordagem de agrupamento para deteção de intrusão em redes sem fio. Em *ICTAI*, páginas 190-196, 2005.

[126] J. Zhang, M. Lou, T. W. Ling e H. Wang. HOS miner: Um sistema para detetar subespaços salientes de dados de alta dimensão. Em Proc. da *30ª Conferência Internacional sobre Bases de Dados Muito Grandes (VLDB'04)*, Demo, páginas 1265-1268, Toronto, Canadá, 2004.

[127] E. Zitzler, M. Laumanns, e L. Thiele. SPEA2: Improving the Strength Pareto Evolution Algorithm for Multiobjective Optimisation. *Evolutionary Methods for Design, Optimisation, and Control*, p. 1926, Barcelona, Espanha, 2002.

[128] J. Zhang, Q. Gao e H. Wang. A Novel Method for Detecting Outlying Subspaces in High-dimensional Databases Using Genetic Algorithm. *2006 IEEE International Conference on Data Mining (ICDM'06)*, páginas 731-740, Hong Kong, China, 2006.

[129] T. Zhang, R. Ramakrishnan e M. Livny. BIRCH: Um método eficiente de agrupamento de dados para bases de dados muito grandes. In proceedings of *the 1996 ACM International Conference on Management of Data (SIGMOD'96)*, pages 103-114, Montreal, Canada, 1996.

[130] E. Zitzler e L. Thiele. Algoritmos evolutivos multiobjectivo: A comparative case study and the strength pareto approach. *IEEE Transactions on Evolutionary Computation*, 3(4):257-271, 1999.

[131] J. Zhang e H. Wang. 2006. Detecting Outlying Subspaces for Highdimensional Data: the New Task, Algorithms and Performance. *Know ledge and Information Systems (KAIS)*, 333-355, 2006.

MIX
Papier aus verantwortungsvollen Quellen
Paper from responsible sources
FSC® C105338

Printed by Books on Demand GmbH, Norderstedt / Germany